深度投资分析丛书

# 期货多空逻辑

Jerry Ma / 著

清华大学出版社
北京

## 内 容 简 介

市场上关于期货技术分析的图书多如牛毛，而关于期货基本面分析的图书并不多见，即使有相关的基本面图书，绝大部分也是偏于理念而缺乏实战案例和经验，读者即便理解了基本面交易理念，在实战中往往也不知如何下手。而本书从投研框架和交易体系入手，在基础知识、交易理念、交易体系三个方面深入浅出地讲解期货基本面分析之道，可以让你轻松拥有成功的投资人生！

全书分为 15 章，从期货基本面基础开始介绍，然后一步一步建立投资研究框架，最后基于投资研究框架打造了一整套交易系统，并对交易系统不断进行完善和优化，让交易者掌握基本面分析的相关投资研究框架，了解交易系统是如何一步步建立起来的，而不是机械记忆一些交易的套路。通过本书，读者会掌握库存、基差、利润、价差、期限结构等基本面分析的核心要素，也会了解到交易制度以及套利相关内容。本书内容是作者多年期货交易的经验总结，得到了众多交易者，尤其是机构交易者的赞同和认可。

本书的读者对象主要是对期货基本面交易感兴趣的投资者。基本面投资知易行难，通过吸收别人的经验来提高自己是聪明投资者的做法，从而使投资事业事半功倍！

---

本书封面贴有清华大学出版社防伪标签，无标签者不得销售。
版权所有，侵权必究。举报：010-62782989，beiqinquan@tup.tsinghua.edu.cn。

图书在版编目(CIP)数据

期货多空逻辑 / Jerry Ma 著. —北京：清华大学出版社，2020.8（2025.7重印）
（深度投资分析丛书）
ISBN 978-7-302-55611-4

Ⅰ.①期… Ⅱ.①J… Ⅲ.①期货交易—投资分析 Ⅳ.①F830.93

中国版本图书馆 CIP 数据核字 (2020) 第 089340 号

责任编辑：施　猛
封面设计：熊仁丹
版式设计：方加青
责任校对：成凤进
责任印制：刘海龙

出版发行：清华大学出版社
　　　　网　　址：https://www.tup.com.cn，https://www.wqxuetang.com
　　　　地　　址：北京清华大学学研大厦A座　　邮　　编：100084
　　　　社 总 机：010-83470000　　　　　　　　邮　　购：010-62786544
　　　　投稿与读者服务：010-62776969，c-service@tup.tsinghua.edu.cn
　　　　质 量 反 馈：010-62772015，zhiliang@tup.tsinghua.edu.cn
印 装 者：大厂回族自治县彩虹印刷有限公司
经　　销：全国新华书店
开　　本：180mm×250mm　　印　张：12.5　　字　数：217 千字
版　　次：2020 年 8 月第 1 版　　印　次：2025 年 7 月第19次印刷
定　　价：58.00 元

---

产品编号：084634-01

前言 一个期货交易者的思考

起初，我只是把自己对期货交易的理解以及一些想法在网络上写出来，没想到反响强烈，然后在大家的激励下，我不断地进行分享，同时也和不同的交易者进行交流和学习，进一步加深了对期货的理解以及对交易的认识。

后来，有很多交易者朋友希望我能够把这些内容系统地整理一下，出版成书，以便大家更好地学习和交流，恰好又有出版社联系到我，在这种机缘巧合之下，才有了这本书。

在此之前，我曾经出版过一本期货相关的书《教你炒期货：基于概率思维与逻辑思维的交易系统》，书中的内容是我早期对期货交易的一些理解，并不是很成熟。随着与不同交易者进行交流以及自己交易感悟的进一步加深，我也很想对过去书中未能提到的内容进行完善和补充，同时对于书中的一些错误进行修正，这也是我写这本书的目的。

本书的核心是"现货逻辑+期货规则"的交易理念，书中几乎不涉及任何宏观层面的内容，因为正如霍华德·马克思在《周期》中提到的，极少有人对未来宏观面比其他人知道得更多，下很大功夫预测未来的宏观面，几乎不可能帮助投资人取得优异或出众的业绩。靠宏观面预测战胜市场而闻名的投资人极少。

我基本认同霍华德·马克思的观点，我个人之所以过滤掉宏观因素，主要有几个原因：首先，研究宏观超出我个人目前的能力，同样，我认为大多数人都不具备研究宏观的能力；其次，作为交易来讲，研究宏观的投入产出比非常低，可能你研究半天，结果对你的交易没有任何用处；最后，即使我不去研究宏观，我也有办法将宏观对价格的影响处理掉。

正如查理·芒格所说，宏观是我们必须接受的，微观才是我们可以有所作为的。因此，我一直在思考，如何从微观层面上做好商品的基本面分析。后来慢慢将自己的研究重点聚焦在现货逻辑以及期货规则，同时通过对冲持仓的方式来规避掉宏观风险。

在交易过程中，我思考了赔率和胜率的问题、主观和客观的问题、现实和预期的问题。我认为成功的交易都是因为注重客观，同时利用主观，失败的交易往往是因为忽视客观，而注重主观。

交易中的赔率是客观的，我们可以自己设定，例如顺基差交易可以给我们高赔率，期货升水做空，期货贴水做多，天然具有赔率优势。这个是客观存在的，不存在任何主观成分。

相反，交易中的胜率是主观判断的，无论是利用基本面分析还是技术分析，都是为了提高交易的胜率。但是主观的东西就存在不确定性，存在不确定性就是概率，既然是概率就必定有尾部风险，有可能出现小概率事件。

当下的现实是客观的，未来的预期是主观的。忽略当下客观现实，只是基于主观对未来预期的判断进行交易，结果往往是亏损的。所以在我的基于"现货逻辑+期货规则"的交易方法中，更加注重的是客观的东西，同时充分利用主观的东西。

书中介绍了"库存+基差+利润"的交易系统，顺基差交易可以给我们一个客观的赔率优势，库存和利润两个指标用来辅助我们主观判断胜率，当这两个指标共振时，我们可以进行单边交易；当这两个指标矛盾时，我们可以进行对冲交易。因此有了以下交易策略：

深贴水+低库存+低利润——做多
高升水+高库存+高利润——做空
深贴水+低库存+高利润——正套
高升水+高库存+低利润——反套

书中还介绍了"期限结构+库存/仓单验证"的交易逻辑，顺期限结构给我们一个客观的赔率优势，通过库存和仓单验证来辅助我们判断交易胜率。因此，有了以下交易策略：

back结构+低库存/低仓单——做多(或正套)
contango结构+高库存/高仓单——做空(或反套)

当然，表面上看这都是一些常见的交易套路，但这些套路背后的逻辑很重要，交易者需要深入理解。此外，这些交易套路当中还有很多具体的细节，交易者也需要注意，这些需要理解和注意的内容，书中都会详细介绍。

最后，基于"现货逻辑+期货规则"的交易方式，只是一个格局相对偏小一些的交易理念，因为它完全忽视宏观，只不过采取对冲交易的方式来对冲掉宏观的影响，所以这也就注定了这种交易方式的格局较小。

霍华德·马克思的《周期》给了我很大的启发，现在我也在学习从周期的角度来逐步提升自己的格局。我把当前期货品种分为贵金属、农产品、黑色系、有色板块、能化板块五大类，从周期的角度来讲，贵金属处于右侧中继，农产品处于右侧底部，能化板块处于左侧底部，有色板块处于左侧震荡，黑色系处于左侧下跌。

当然，更大的格局以及交易方法并不是本书所介绍的内容，本书介绍的是一种极简主义的聚焦的交易方法，同时书中还有本人在交易过程中的一些经验总结，不一定正确，但希望能够给广大交易者朋友提供一些参考或者思考，不足之处，还请广大交易者朋友多多批评指正！

同时，由于篇幅所限，书中内容难以涵盖本人全部的交易思考，在与不同的交易者进行交流和互动过程中，本人也在不断学习和进步，也会有一些新的思考，然而这些新的发现并没有在本书中得到体现，更多关于期货交易的内容，可以关注我的公众号"交易法门"。

另外，本书中所提到的一系列分析方法与工具，读者朋友们都可以在交易法门网站上找到并直接使用，这个网站基于本人交易理念而来，所以本书中你所看到的交易理念、交易方法、各种工具以及相关数据，都可以在交易法门网站上获取，最后祝各位交易者朋友投资顺利！

作 者
2020年1月

# 目录

## 第1章　基差与升贴水　/　1
1.1　基差及其构成　/　2
1.2　什么是升贴水　/　4
1.3　点价与基差交易　/　4
1.4　基差与交易方向　/　5

## 第2章　期限结构暗示了什么　/　9
2.1　什么是期限结构　/　10
2.2　期限结构反映了什么　/　10
2.3　期限结构与商品价格的关系　/　14
2.4　利润同样具有期限结构　/　15
2.5　期限结构与价格涨跌的进一步解读　/　16

## 第3章　如何理解商品的周期　/　19
3.1　工业品的库存周期　/　20
3.2　农产品的蛛网周期　/　22
3.3　生长特性导致的供应周期　/　25
3.4　天气因素导致的行情周期　/　26

## 第4章　产业链分析主要看什么　/　35
4.1　供需平衡分析是基础　/　36
4.2　库存与利润在产业链中的分布　/　40
4.3　上中下游侧重点是什么　/　43
4.4　工业品与农产品的分析重点　/　45

## 第5章　期货交易中的正确思维　/　47
5.1　期货交易的核心是概率思维　/　48
5.2　让自己的交易处于平衡状态　/　50
5.3　事前风控的理念与操作方法　/　54
5.4　忠于客观，利用主观　/　55

## 第6章 驱动力与信号验证 / 61
6.1 期货分析的三种方法 / 62
6.2 驱动力与信号验证的理念 / 65
6.3 先存疑后验证的信息解读方式 / 66

## 第7章 基于"库存+基差+利润"的交易逻辑 / 71
7.1 基于基差的交易逻辑 / 72
7.2 基于"库存+基差"的交易逻辑 / 74
7.3 基于"库存+基差+利润"的交易方法 / 75
7.4 "库存+基差+利润"交易逻辑的注意事项 / 77

## 第8章 对商品期货如何做价值投资 / 81
8.1 什么是真正的价值投资 / 82
8.2 对主力合约如何做价值投资 / 84
8.3 对单个商品如何做价值投资 / 86
8.4 如何以定投的方式做商品期货 / 88

## 第9章 基于"估值+驱动"的交易逻辑 / 93
9.1 如何寻找估值指标 / 94
9.2 如何构造驱动指标 / 96
9.3 如何量化"估值+驱动"交易逻辑 / 97
9.4 "估值+驱动"交易逻辑的变形 / 99

## 第10章 仓单在交易中的重要性 / 107
10.1 注册仓单与有效预报 / 108
10.2 仓单与期货升贴水的关系 / 109
10.3 注册仓单与库存的关系 / 111
10.4 仓单强制注销的意义 / 112

## 第11章 基于"仓单+基差"的交易逻辑 / 115
11.1 什么是虚实盘比 / 116
11.2 基于"仓单+基差"的交易方法 / 118
11.3 基于"期限结构+仓单验证"的跨期交易 / 120

11.4 期货交易中的两个安全边际 / 122

## 第12章 关于交割制度应该注意哪些事 / 127
12.1 仓单有效期的重要性 / 128
12.2 标准品与替代品的升贴水情况 / 131
12.3 基准交割仓库所在地 / 133

## 第13章 跨期套利的核心逻辑 / 137
13.1 如何理解正套与反套 / 138
13.2 跨期套利常见的四种逻辑 / 140
13.3 基于"库存+基差+利润"的跨期策略 / 143
13.4 跨期套利如何看着基差来做月差 / 145
13.5 期限结构与库存仓单验证的跨期策略 / 150
13.6 基于预期逻辑的跨期套利 / 151

## 第14章 跨品种套利的交易思路 / 155
14.1 基于产业利润的套利逻辑 / 156
14.2 基于伴生关系的套利逻辑 / 159
14.3 基于替代关系的套利逻辑 / 163
14.4 基于宏观对冲的套利逻辑 / 166
14.5 基于期限结构的套利逻辑 / 169

## 第15章 行情反转的重要信号 / 173
15.1 行情反转的三个重要信号 / 174
15.2 根据主力持仓判断行情反转 / 177
15.3 根据盘面供求关系判断反转 / 182

**参考文献 / 185**

**附录 合约代码 / 187**

**致谢 / 190**

# 第1章 基差与升贴水

## 1.1 基差及其构成

商品的现货价格反映了当前市场上买卖这种商品的价格，期货价格反映了未来某个时刻在现货市场上买卖这种商品的价格，由于它们之间存在一定时间间隔，在这段时间内就会产生各种不确定性，所以期货价格往往在距离交割日较远的时候会偏离现货价格，这个偏离本质上就是预期溢价或者预期折价，而基差等于现货价格减去期货价格。

基差本质上反映了三个价差：时间价差、品质价差、区域价差，如图1-1所示。时间价差比较容易理解，就是未来距离当下这段时间内存在诸多不确定性，由于这种不确定性带来的预期溢价或折价，这就是时间价差。

图1-1　基差反映的三种价差

对于品质价差，一些交易者可能没有注意，交易所对上市的期货品种都会规定交割的标准品以及替代品，正常情况下，期货盘面反映的是标准品的价格，但是实际交割的商品可能是替代品，而替代品与标准品之间存在品质差别，所以交易所一般会设置升贴水，可见，品质价差也是影响基差的一个因素。

地区价差也比较容易理解，由于基准交割仓库所在地与非基准交割仓库所在地的价格往往不同，哪个地区交割仓库交割的量更大，往往更能反映盘面的期货价格，这就是地区价差。

因此，严格来讲，我们在计算基差的时候，不能简单地使用现货价格减去期货价格，而是应该把现货价格折成盘面价格然后再减去期货价格。现货折盘面就是先处理一下品质价差、区域价差等问题。

例如，在计算华东地区螺纹钢基差时，我们需要使用螺纹钢现货价格除以0.97，然后再减去期货价格，这是因为螺纹钢交割时采用过磅交割，先要处理一下磅差问题；在计算华北地区螺纹钢基差时，我们需要使用螺纹钢现货价格除以0.97，然后加上90，最后减去期货价格，这是因为华北地区交割库存在贴水交割的问题。

再比如，我们在计算铁矿石的基差时就更加复杂了，首先需要把湿吨变为干吨，然后计算品质价差，最后减去期货价格。以金布巴粉[①]为例，计算金布巴粉基差时，我们通常使用日照港现货价格除以0.93，然后加上20.5，最后减去期货价格；再以PB粉[②]为例，计算PB粉基差时，我们通常使用日照港现货价格除以0.92，然后加上9，最后减去期货价格。

诸如此类的细节问题，交易者都需要注意。在计算基差时，首先要确定参考哪个地区的现货价格，然后把现货价格折成盘面价格，最后减去期货价格，如图1-2所示。研究商品期货的基本面时，基差是最重要的一个基础指标。

图1-2　计算基差的三个步骤

当现货价格大于期货价格，我们称之为正基差或者现货升水；当现货价格小于期货价格，我们称之为负基差或者现货贴水。当现货价格开始强于期货价格，从而导致现货升水幅度越来越大或者贴水幅度越来越小时，我们称之为基差走强；反之，当现货价格开始弱于期货价格，从而导致现货升水幅度越来越小或贴

---

① 金布巴粉是铁矿石的一种，可以用于铁矿石期货的交割。金布巴粉分为高品位和低品位，由于金布巴粉的质量不稳定，所以不同的金布巴粉交割时罚扣不同，通常情况下，品位越高，质量越好，交割罚扣越少。
② PB粉也是铁矿石的一种，主要产自澳大利亚，同样可以用于交割。巴西和澳大利亚有多种品位的铁矿石，都可用于国内铁矿石期货的交割，在计算基差时，需要对品质价差进行折盘面处理，盘面对标的是标准品的现货价格。

水幅度越来越大时，我们称之为基差走弱。

基差的强弱变化对于产业客户的套保行为有着重要的影响，而期货市场本身是为现货服务的，所以我们想要了解产业客户的决策就需要理解基差的强弱变化。

## 1.2 什么是升贴水

升贴水最初是外汇市场的常用术语，后来也被运用到基差交易当中。例如，豆粕现货市场的报价为m2001+50，其中m2001是指豆粕2001合约的期货价格，+50是指现货价格在m2001合约的价格基础之上加上50元/吨，即比m2001合约的价格高50个点，所以也称为期货贴水50个点。反之，如果豆粕现货市场的报价为m2001-50，那就说明现货价格比m2001合约的价格便宜50个点，所以期货升水50个点。

对于基差交易的品种，升贴水报价是常见的一种形式。例如，我们从国外进口大豆时，不仅需要关注CBOT大豆的价格，还需要关注国外升贴水报价情况，例如南美贴水60，它是指盘面期货合约的价格贴水现货60，而现货的价格要在盘面基础上增加60，所以国外在进行升贴水报价的时候，贴水幅度越大，现货价格越高，如果贴水为负，说明现货价格低于盘面价格。

一般情况下，当期货价格较高或者盘面利润较高的时候，升贴水报价的幅度一般都是贴水比较低，甚至是贴水为负。例如，当m2001的价格是2800元/吨的时候，报价可能是m2001+50，即期货贴水50；当m2001的价格是3000元/吨的时候，报价可能是m2001-80，即期货升水80个点。

期货贴水幅度的变化往往反映了盘面利润的情况以及现货市场的成交情况，盘面利润较高，通常情况下会抑制现货市场的需求，因此现货市场成交不畅，往往期货贴水幅度收窄甚至为负；盘面利润较低，现货市场成交较好，往往期货贴水幅度开始增加。

## 1.3 点价与基差交易

现在全球大宗商品的贸易基本上都是以基差交易为主，如m2001+50，这里的+50是期货贴水50个点，也可以理解为现货基差，但是m2001的价格每个交易日都会随着期货盘面不断发生变化，买卖双方最终合同的价格没有敲定，需要买方在合同规定的点价截止日期之前进行点价，从而来确定合同最终的成交价格。

例如，合同规定在2019年11月30日之前进行点价，买方在2019年11月20日点价，当日收盘价为2800元/吨，那么现货合同最终的成交价格就是2800+50=2850(元/吨)，从而把最终的销售价格确定了。基差交易下的点价模式有利于卖方规避风险。

以压榨产业为例，原料大豆是从国外进口的，需要与国外签订基差合同，接受国外的升贴水报价，到时候需要在芝加哥CBOT盘面进行点价，从而确定原料的进口成本，一旦压榨企业在芝加哥CBOT点价之后，同时提前进行远期锁汇，那么未来的进口成本就确定了。

与此同时，压榨企业在大连商品交易所盘面卖出豆粕和豆油，从而锁定这部分大豆压榨的收入，再根据期货盘面价格加上升贴水报价，形成基差合同，一旦有下游买方接受了基差合同，并在未来某一时刻进行点价，那么压榨企业就需要平掉空单，交付现货，把盘面利润进行兑现，现货毛利就等于盘面利润减去现货基差。

所以当盘面利润较高的时候，压榨企业为了早一些将利润兑现，往往把期货升贴水报得很低，以便让下游买方接受基差合同，并完成点价，只要买方一点价，压榨企业就可以平掉期货盘面的空单，把盘面利润兑现。所以，在大多数情况下，盘面利润与现货基差往往是负相关的，盘面利润较高，则现货基差较低；盘面利润较低，则现货基差往往较高，这里的现货基差就是期货贴水的幅度。

## 1.4 基差与交易方向

在期货交易中，基差是一个非常重要的指标，常见的交易思路是顺基差交易，即期货升水时做空，期货贴水时做多。

为什么我们在大多数时候要选择顺基差交易呢？这是因为决定交易长期下来能否赚钱的核心因素有两个：一是胜率，二是盈亏比。对于交易者来说，无论是采取基本面分析还是采取技术分析，更多的都是判断交易的胜率，而这种判断或多或少都存在一定的主观成分。

与胜率不同，盈亏比则相对客观。如图1-3所示，我们以螺纹钢为例，来看一下顺基差交易如何给我们的交易提供更好的盈亏比。

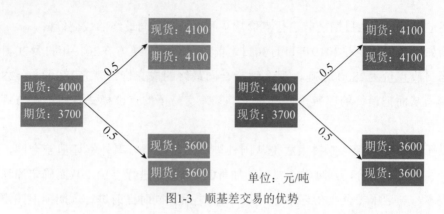

图1-3 顺基差交易的优势

假设，现在螺纹钢现货价格是4000元/吨，期货价格是3700元/吨，我们都知道未来期货需要进行交割，交割时基差需要修复，即期货价格等于现货价格。但基差修复的方向有两种，一种是期货上涨来修复基差，另一种是现货下跌来修复基差。我们通过基本面分析或者技术分析，更多的是主观判断基差修复的方向，从而提高交易的胜率。

这里，我们不做任何判断，我们假设期货上涨来修复基差和现货下跌来修复基差的概率是一样的，都是50%。这个时候，如果我们顺基差交易选择做多期货，如果我们做对了，最终期货和现货价格都是4100元/吨，那么我们可以赚400元/吨；如果我们做错了，最终期货和现货价格都是3600元/吨，那么我们亏损100元/吨。因此，这笔交易的盈亏比就是4∶1。

相反，如果我们逆基差选择做空期货合约，如果我们判断正确了，期货和现货价格最终都是3600元/吨，我们只能赚100元/吨，但如果我们错了，期货和现货价格最终都是4100元/吨，我们会亏400元/吨。这笔交易的盈亏比是1∶4，即使你有80%的胜率，这么低的盈亏比长期交易下去也是必亏无疑。

同样的道理，我们假设期货现在是4000元/吨，现货是3700元/吨，如果我们顺基差交易，应该选择做空期货，假设期货下跌修复基差和现货上涨修复基差的概率相等，都是50%。如果我们做对了，期货和现货最终都是3600元/吨，我们可以赚400元/吨；如果我们做错了，期货和现货最终都是4100元/吨，我们亏损100元/吨。这笔交易的盈亏比是4∶1。

相反，如果我们逆基差交易选择做多期货合约，如果我们判断正确了，期货和现货最终都是4100元/吨，我们可以赚100元/吨，但我们判断错误时，期货和现货最终都是3600元/吨，我们就会亏损400元/吨，这笔交易的盈亏比是1∶4。

对于理智的交易者来说，任何盈亏比小于1的交易，其实都不应该去参与的。

除非你有接近100%的胜率，但期货交易本身就是概率交易，不存在100%的事情。长期交易盈亏比较低的方向，即使你有80%的胜率甚至90%的胜率，最终交易结果都可能是亏钱的。相反，进行3∶1的盈亏比交易，你只需要30%以上的胜率，就可以赚很多钱。

所以，单纯从基差这个指标来看，我们可以得到一个重要的启示：顺基差交易可以给我们一个非常客观的高盈亏比，而很多交易者往往忽视客观的高盈亏比，却去追求主观判断下的高胜率。现实情况是，主观判断的胜率往往都很低。所以，交易要先注重客观上的优势，再结合主观上的优势，很多交易者往往本末倒置。

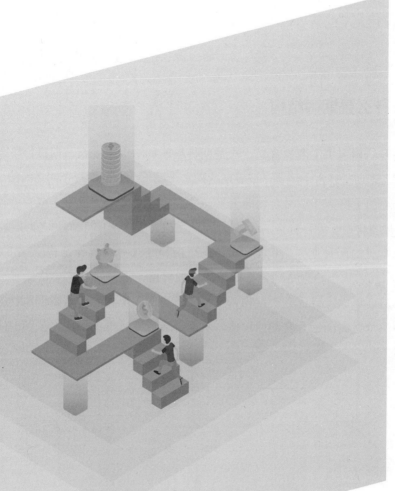

# 第2章 期限结构暗示了什么

## 2.1 什么是期限结构

期限结构包含了两层含义，一是期货与现货的价差关系，期货价格高于现货价格，称之为期货升水于现货，或者现货贴水于期货；二是期货合约之间的价差关系，远月合约的价格高于近月合约的价格，称之为远月升水于近月，或者近月贴水于远月。由现货价格、近月价格、远月价格所构成的价差结构，我们称之为期限结构。

最常见的两种期限结构是contango结构和backwardation结构(简称back结构)。在contango结构下，现货的价格低于期货的价格，近月合约的价格低于远月合约的价格，从而形成近低远高的结构；在back结构下，现货的价格高于期货的价格，近月合约的价格高于远月合约的价格，从而形成近高远低的结构，如图2-1所示。

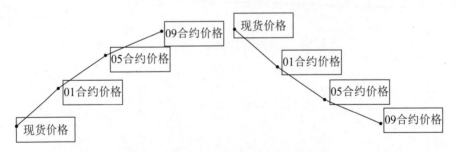

图2-1　contango结构(左)和back结构(右)

## 2.2 期限结构反映了什么

一些交易者认为，contango结构下远月合约的价格越来越高，说明市场未来都是看涨的，所以就选择入场做多，这种观点是片面的。事实上，有经验的交易者会发现，在contango结构下，期货是升水于现货的，而且一般情况下这种商品都是库存过剩，同时伴随着大量的仓单生成，所以往往是适合逢高做空的品种。例如，2019年期货市场上的橡胶、油脂等产品都呈现出这种结构，这类品种也是经历了长期的熊市，价格已经跌到历史上比较低的位置。

期限结构靠近现货的一端反映了当下现货市场上的供求关系，远月的一端更多地反映了对未来的预期。contango结构从近月角度来说，价格是非常低的，说明当下现货市场供应过剩，所以现货价格低，越靠近现货价格的一端，期货合约的价格就越低。

从远月角度来说，有两种传统的解释方式，一种是持有成本理论，一种是预期理论。由于当下现货市场供应过剩，库存较大，所以远月合约的持有成本会增加，因此远月价格要高于近月价格；另外，由于供应过剩，价格较低，容易刺激需求，所以市场预期过剩的库存会不断下降，未来供求关系会发生改善，不再是供应过剩，所以远月价格更高一些。

因此，从现实和预期两个角度来理解，我们可以把contango结构理解为悲观的现实和乐观的预期，如图2-2所示。

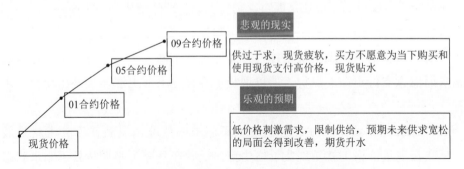

图2-2　contango结构：悲观的现实和乐观的预期

相反，也有一些交易者认为，back结构下远月合约的价格越来越低，说明市场对未来的预期是看跌的，所以就选择入场做空，这种观点也是片面的，事实上，这种市场结构往往是现货牛市，是利于做多的期限结构，以螺纹钢为例，从供给侧改革以来，一直保持着这种期限结构，在螺纹钢这波长期牛市的过程中，只要长期做多，不断移仓换月到远月，基本上都是能够赚大钱的。

我们依然利用现实和预期两个角度来理解一下back结构，由于现货市场上供不应求，买方愿意为当下购买该商品支付更高的溢价，所以现货价格高企，产业利润较高，在高利润的驱使下，生产商会加大生产，因此市场预期未来供应会增加，当下这种供不应求的情况会得到改善，所以在这种预期作用下，远月合约的价格较低。

因此,从现实和预期两个角度来理解,我们可以把back结构理解为乐观的现实和悲观的预期,如图2-3所示。

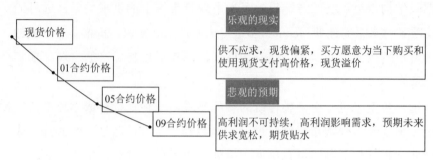

图2-3　back结构:乐观的现实和悲观的预期

所以,在这里我们要澄清一个认知上的错误:contango结构并不是牛市结构,back结构并不是熊市结构,相反,contango结构本身反映了现货的熊市,而back结构本身反映了现货的牛市。我们交易中做多还是做空的选择主要取决于现货处于牛市还是熊市,现货的牛市还是熊市,则可以通过期限结构判断出来。

为什么说back结构反映了现货的牛市呢?当现货市场上商品供不应求时,再加上贸易商囤货惜售,现货价格往往容易坚挺并上涨,下游买方为了满足即期现货需求而愿意支付更高的溢价,所以现货价格往往不断上涨,反映出现货牛市的特征。

所以在back结构下,往往会出现供不应求的情况,反映在库存上就是低库存,反映在现货价格上就是现货价格牛市,反映在基差上是期货处于贴水状态。所以这种情况下,并不适合做空,一方面现货牛市天然利于做多,另一方面期货贴水存在做多的安全边际。

根据个人的观察以及交易经验,我发现,期限结构为back的品种,往往存在以下特征:第一,期货贴水;第二,库存较低;第三,仓单较少;第四,利润偏高,如图2-4所示。对于这种期限结构的品种,往往更适合做多,大多数情况下是期货上涨向现货靠拢来修复基差。

为什么说contango结构反映了现货的熊市呢?当现货市场上商品供过于求时,再加上贸易商的抛货,现货价格往往容易松动并下跌,而下游买方往往买涨不买跌,不愿意为满足即期需求而支付更高的溢价,所以上游卖方只能把过剩的库存储存起来,从而产生一定的持有成本,所以这些库存的成本更高一些。

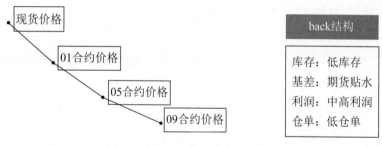

图2-4　back结构所反映的基本面情况

在供需情况不发生改变的前提下，远月合约的价格理论上等于近月合约的价格加上持有成本，在盘面上会体现出远月价格越来越高的特征。所以这种情况下，并不适合做多，一方面现货熊市天然利于做空，另一方面期货升水存在做空的安全边际。

根据个人的交易经验和总结，我发现，期限结构可以更好地帮我们去理解商品的基本面情况。如图2-5所示。contango结构背后往往表明了几点：第一，期货升水；第二，库存较高；第三，仓单较多；第四，利润较低。对于这种期限结构的品种，往往更适合做空，大多数情况下都是期货下跌向现货靠拢来修复基差。

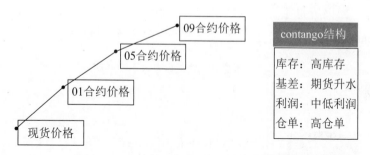

图2-5　contango结构所反映的基本面情况

此外，除了正常的供需和预期能够影响商品的期限结构之外，交易所的规则、相关政策调整以及意外事件的冲击等也会导致商品期限结构发生变化。

例如，交易所对于某个品种的交割品质进行修订，从而导致某个合约之后的商品交割范围变小了，使得期货合约从那个月份之后开始变得价格较高。

再比如，不同仓单期限往往也会对期限结构造成影响，仓单有效期长的品种往往容易呈现contango结构，而仓单有效期短的品种往往容易呈现back结构。

所以，我们在研究商品期限结构的时候，要知道为什么它会呈现出这种结构，是现货市场供需的力量，还是预期的力量，还是交割品质修改的原因，抑或受到了某种事件的冲击。

## 2.3 期限结构与商品价格的关系

商品期货上涨有两种方式，一种是现货引领期货上涨，这种情况下商品的期限结构一般是back结构，现货较为强势，现货不断上涨，期货跟涨；另一种是期货引领现货上涨，这种情况下商品的期限结构一般是contango结构，期货比较强势，期货不断上涨，现货跟涨。

当现货市场上供需较为紧张，现货比较强势的时候，商品的期限结构是back结构，现货引领期货不断上涨，从价格低位上涨至价格高位，这个时候如果近月主力合约贴水幅度较大时，往往暗示着现货市场价格已经见顶了，市场预期以后的现货价格不太可能会比现在更高，所以期货不再跟随现货上涨，从而造成了期货盘面巨大贴水的假象。

所以在back结构下，随着期现联动上涨，价格从低位上涨至高位时，如果近月主力合约贴水幅度较大，往往是市场见顶即将反转的一个信号。随后，期货开始不再跟随现货上涨，而是先于现货开始下跌，从而带动现货一起跟着下跌。

因此，在back结构下，常规的交易思路是逢低做多；当价格(严格来说是利润)处于高位时，如果近月主力合约贴水较大，不应盲目去追高做多；当期限结构从back变为contango时，交易思路需转变为做空为主，如图2-6所示。

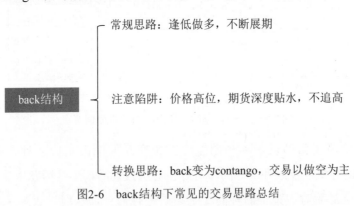

图2-6 back结构下常见的交易思路总结

当现货市场上供需较为宽松，现货比较弱势的时候，商品的期限结构是contango结构，现货引领期货下跌，从价格高位跌至价格低位，这个时候如果期货合约的升水幅度变小，contango结构开始变得扁平进而变成了back结构，说明现货市场上商品的供需关系发生了根本性的转折，往往是从供求过剩逐步变为供求开始偏紧，所以导致现货变强，期限结构发生转变。

所以，当价格见顶的时候，往往是back结构下价格处于较高的位置，而近月主力合约贴水幅度较大；而商品处于价格底部区间的时候，往往呈现出contango结构；当商品在价格高位由back结构变为contango结构，说明商品现货从牛市转入熊市，适合反弹逢高去做空；当商品在价格低位由contango结构变为back结构，说明商品现货从熊市转入牛市，适合下跌逢低做多。

因此，在contango结构下，常规的交易思路是逢高做空；当现货利润处于亏损时，如果期货合约升水，不宜盲目去追空；当期限结构从contango变为back时，交易思路需转变为做多为主，如图2-7所示。

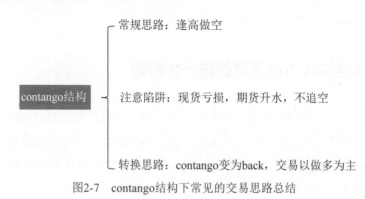

图2-7　contango结构下常见的交易思路总结

## 2.4　利润同样具有期限结构

除了可以利用现货价格与期货价格的关系得到价差的期限结构之外，我们还可以研究利润的期限结构，产业利润分为现货利润和盘面利润，现货利润是根据当下市场上的原材料和产成品的价格计算的利润，盘面利润是根据当前期货市场上的原材料和产成品的期货价格计算的利润。现货利润和盘面利润之间也存在不同形式的期限结构。

在这里，我们简单介绍几个黑色系品种的盘面利润计算方式(单位：元/吨)，以便我们能够了解盘面利润是多少。

螺纹钢盘面利润=螺纹钢期货价格-1.6×铁矿期货价格-0.5×焦炭期货价格-1200

热卷[①]盘面利润=热卷期货价格-1.6×铁矿期货价格-0.5×焦炭期货价格-1350

焦炭盘面利润=焦炭期货价格-1.3×焦煤期货价格-160

如果现货利润低于盘面利润，同时近月合约盘面利润低于远月合约盘面利

---

① 热卷是热轧卷板的简称。

润，那么这个品种产业利润的期限结构就是contango结构。相反，如果现货利润高于盘面利润，同时近月合约盘面利润高于远月合约盘面利润，那么这个品种产业利润的期限结构就是back结构。

无论是价差还是利润，一般情况下，只要呈现出contango结构，从交易的角度来说，最好还是逢高做空或者做反套；相反，只要呈现出back结构，从交易的角度来说，最好还是逢低做多或者做正套。尤其是当近月主力合约距离交割月比较近的时候，与此同时，近月主力合约升水或贴水幅度比较大，结合着相应的期限结构进行交易，成功率往往非常高。

## 2.5 期限结构与价格涨跌的进一步解读

其实商品的期限结构不仅仅有两种，不是除了back结构，就是contango结构，也有U型，倒U型，甚至极端的还有V型，甚至倒V型的。对于大部分主力合约不连续的商品期货来说，主要以back和contango结构为主，对于像有色金属这类逐月换主力合约的品种，它的期限结构有时候可能会比较奇怪一些。

在进行商品基本面研究时，基本上离不开对供需平衡表的研究，以商品的月度供需平衡表为例，近月的供需平衡表往往更加贴近当下的现实，而远月的供需平衡表则往往根据产能投放与检修等情况进行预期和评估，从而得到一个完整的月度供需平衡表，再根据当月实际发生的供需情况不断进行调整。

因此，严格来说，期限结构的排列应该与市场预期的月度供需平衡表相对应，理论上，商品的期限结构应该反映市场公允的供需平衡表，更具体来说，可能反映的是当下以及未来预期每个月的库存消费比的变化情况。所以，从供需平衡表角度能够更好地理解期限结构。但对于大多数交易者来说，由于数据的匮乏，往往很难自己去做一个商品的供需平衡表。

另外，商品的期限结构往往也能验证我们的供需平衡表是否正确。当一个商品呈现的是contango结构时，你看到一个机构做的供需平衡表结果是供需偏紧的，那你应该意识到，那家机构的供需平衡表可能搞错了。

需要注意的是，contango结构不代表商品价格就不会一路上涨，同样，back结构也有商品价格一路下跌的。contango结构下想要持续上涨，那要有足够的投机资金去接盘，否则价格一上涨，给产业客户提供了很好的套保机会，产业资金套保把价格打下来，没有持续资金介入，多头就容易溃败，但只要钱比货多，就有可能在投机资金强大的投机情绪下，contango结构不断上涨。

其实从资金博弈的角度来说，contango结构可以理解为，货比钱多，或者更严格地说，货比想买货的钱多；back结构可以理解为，货比钱少，或者更严格地说，货比想买货的钱少。投机情绪上来的时候，有可能导致想买货的钱增加，contango结构下的上涨就是如此；投机情绪下来的时候，有可能导致想买货的钱减少，back结构下的下跌就是如此。

所以并不是说，contango结构就一定不会连续上涨，back结构就一定不会连续下跌。除了产业资金，还有投机资金，投机资金有时候受消息、情绪、政策等影响，也会出现非产业现货逻辑的涨跌，即预期逻辑下的涨跌。

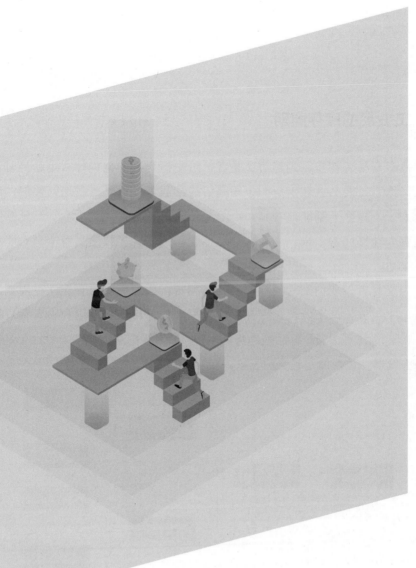

# 第3章 如何理解商品的周期

## 3.1 工业品的库存周期

有很多交易者都自诩为趋势交易者,可是每当我问他们什么是趋势时,他们要么张口结舌,要么就在走势图中画趋势线给我看。可是当我追问他们：趋势已经走出来了,每个人都能够看到,可趋势什么时候开始,是否会继续延续呢？基本上没有人能够回答出来。为什么会这样呢？因为大多数交易者本身对趋势的理解并不深刻。

作为交易者,我们交易的标的是商品期货,而商品本身存在库存周期。这个周期简单来说分为两个阶段：库存重建过程中的价格上涨阶段和去库存过程中的价格下跌阶段(见图3-1)。这才是趋势的本质,而K线图从大周期来看必定是按照这个趋势去发展,体现的是趋势的表象。

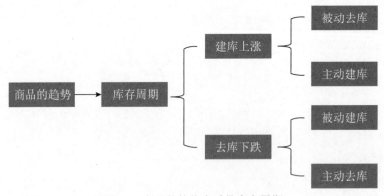

图3-1　商品的趋势本质是库存周期

简单来说,我们通过库存周期来判断趋势,通过K线图来验证趋势。大多数交易者都把过多的精力放在交易图表上,他们所理解的趋势只是趋势的表象,试图通过在K线图中画趋势线的方法来判断趋势的形成与结束,其实他们并没有抓住趋势的本质。

为什么会出现库存重建过程中的上涨与去库存过程中的下跌呢？这是因为，当市场价格开始下跌时，资金是矛盾的主要方面，经销商将商品资源转化为资金，而终端用户则延缓用资金采购商品资源的进程，所以库存下降的同时，价格随之快速下跌。

相反，当市场价格上涨时，商品资源是市场的主要矛盾，经销商急于将资金转化为商品资源，而终端用户则将资金用来采购货源，从而形成库存量上升的同时，价格快速上涨。之所以说这才是商品期货趋势的精髓，是因为这种趋势的持续性较长，欺骗性较低，而K线图中所体现的趋势相对较短，波动较大，欺骗性较高，不容易把握。

补库周期和去库周期的核心矛盾与价格变化如图3-2所示。

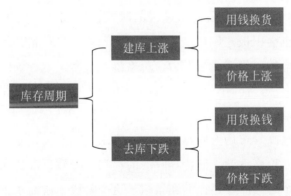

图3-2 补库周期和去库周期的核心矛盾与价格变化

实际上完整的库存周期分为四个阶段：被动去库存过程中的价格上涨阶段、主动建库存过程中的价格上涨阶段、被动建库存过程中的价格下跌阶段、主动去库存过程中的价格下跌阶段。其中，被动去库阶段和主动建库阶段被称为补库周期或建库周期，而被动建库和主动去库被称为去库周期。

工业品的库存周期又被称为基钦周期，这个周期有两大趋势，一是补库上涨趋势和去库下跌趋势，每个趋势又分为两个阶段，补库上涨趋势分为被动去库上涨和主动建库上涨阶段，去库下跌趋势分为被动建库下跌和主动去库下跌阶段。在每个阶段中，整个产业链从下游到上游不断传导，库存、利润、产能、开工率不断发生变化，如图3-3所示。

产业陷入低迷，供需都很薄弱，突然需求开始启动，采购增加，这个时候需求从终端用户向零售商、经销商和厂商传导，存在一定时滞，这个时候需求的增加，带来了现货价格的上涨，而厂商没有扩大生产，经销商也没有主动补库存，这个时候库存是在消耗下降的。所以在被动去库阶段，下游需求增加，中游和上游库存下降，价格开始上涨。

图3-3　整个库存周期过程中上中下游相关指标的变化

当经销商和厂商发现下游需求起来的时候，会逐渐扩大生产，同时提高产品价格，经销商也会积极建库存，下游需求端预期未来价格会继续上涨，所以会加速采购，需求增加，供需两端发力，价格继续上涨，库存同时累积，这就是库存重建过程中的上涨，此时整个产业链都开始把手中的资金转化为即将升值的库存，因此需求增加，中下游库存开始增加，价格进一步上涨。

当商品价格过高，市场上库存也很高，需求端由于前期备货充足，开始减少采购，需求下降，价格下跌，而传导时滞的存在，导致厂商还在加大生产，经销商也在备货，这个时候库存还在继续累积，这个阶段下游需求下降，上游供给增加，整个产业链库存都在累积，价格下跌，这是被动建库阶段。

当经销商和厂商发现，下游需求不足时，为了及时将手中的货源转化为资金，避免成为接盘侠，就会降价出售，此时，需求端预期后续价格会继续下降，采购延缓，需要多少采购多少，因为后面再采购成本更低，所以这个时候商品价格不断下降，库存不断下降，就是去库存过程中的下跌。

至此，我们对趋势的理解从K线图中转移到了商品的库存周期当中。K线图中的趋势表象往往会欺骗交易者，而商品的库存周期却无法掩盖商品未来的趋势，只有抓住趋势的精髓才是交易者持仓的勇气所在！

## 3.2　农产品的蛛网周期

工业品的库存周期是从需求端出发的，工业品主要看需求，供应端可以根据需求端的变化来进行调整；农产品虽然也有库存周期，但是需求端相对稳定，变化较大的主要是供应端，一种作物以年度的产量以及之前年度结余的库存来满足当年的需求，在分析农产品的库存变化时，最常用的就是经济学中的蛛网模型。

蛛网模型的一个基本假设就是，当年的产量取决于前一年的价格，从而得到一个供应曲线，当年的需求量取决于当年的价格，从而得到一个需求曲线。在供给和需求的作用下，得到一个均衡价格，这个价格又会影响到下一年的产量，由于供给曲线和需求曲线的弹性存在差异，从而会出现三种形式的蛛网模型，一种是发散型蛛网，一种是封闭型蛛网，一种是收敛型蛛网，如图3-4所示。

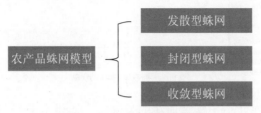

图3-4　三种形式的蛛网模型

当供给曲线的弹性大于需求曲线的弹性时，即供给曲线斜率的绝对值大于需求曲线斜率的绝对值时，在市场受到外力的冲击之后，原有的均衡状态就会被打破，从而使得均衡点发生偏离，实际价格和实际产量的波动幅度会越来越大，从而偏离均衡点越来越远。属于这种类型的农产品，一般遭遇供给冲击之后，价格往往会暴涨，价格上涨的幅度可能远大于产量减少的幅度，如图3-5所示。

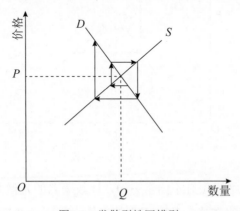

图3-5　发散型蛛网模型

当供给曲线的弹性和需求曲线的弹性相等时，即供给曲线斜率的绝对值等于需求曲线斜率的绝对值时，在市场受到外力的冲击之后，原有的均衡状态就会被打破，从而使得均衡点发生偏离，实际价格和实际产量也会发生变化，但与发散型蛛网不同的是，此时实际产量和实际价格适中，按照相同幅度围绕着均衡点上下波动，不会不断偏离均衡点，也不会不断靠近均衡点，如图3-6所示。

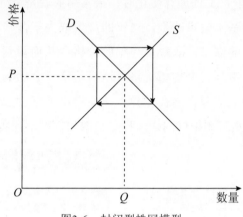

图3-6　封闭型蛛网模型

当供给曲线的弹性小于需求曲线的弹性时，即供给曲线斜率的绝对值小于需求曲线斜率的绝对值时，在市场受到外力的冲击之后，原有的均衡状态就会被打破，从而使得均衡点发生偏离，实际价格和实际产量的波动幅度会越来越小，从而向均衡点不断靠拢，如图3-7所示。

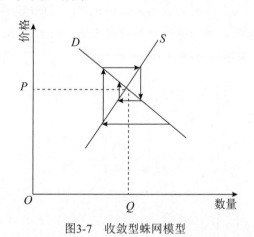

图3-7　收敛型蛛网模型

当然，也有对蛛网模型有不同意见的，比较著名的是傅海棠①老师，从期货交易的角度来讲，他是比较成功的，因为他以较小的资金在期货市场中赚取了几十

---

① 傅海棠，国内知名期货投资者，利用大蒜电子盘交易以5万元本金获利600万元，然后通过棉花期货赚得1.2亿元，在2016年一举获利逾10亿元，随后又在苹果、铁矿石等品种上获利数亿元，信奉天道交易思想，以基本面分析为主，通过主动调研获取相关基本面信息和数据，被称为中国期货界的"北丐"。

亿元。因为农民出身,傅海棠老师对农产品有着较为深入的研究。

他认为农民对于农产品是比较有感情的,农产品价格较低的时候,第一年一般亏不到农民这里,而是贸易商发生亏损,农产品连续第二年低价的时候,农民可能会亏钱,但是农民对农作物是有感情的,当年亏钱了并不会导致农民马上改种其他农作物,而很多农民基于对农作物的感情,会选择再种一年看看,说不定来年价格就好了,结果农产品连续第三年价格较低的时候,农民继续亏钱,这次农民可能就亏怕了,开始改种其他的农产品。

所以如果按照蛛网模型,农产品就会每年都有一波行情,要么是上涨行情,要么是下跌行情,但实际上农产品发生大行情的时候并没有那么频繁,一般是三到四年一波大行情。

## 3.3 生长特性导致的供应周期

关于商品的周期,有的人从人性出发,通过经济模型给出一个周期的解释,例如工业品的库存周期、农产品的蛛网模型。有的人从天气变化出发,通过资金、情绪等层面的投机炒作而得到一个周期的解释,例如厄尔尼诺和拉尼娜现象对农产品产量的影响。还有一些周期则是基于商品自身生产规律导致其产量或者供应量的周期性变化。

其中最为典型的就是国内的白糖。国内白糖有两种,一种是以甘蔗为原料制成的甘蔗糖,另一种是以甜菜为原料制成的甜菜糖,其中甘蔗糖占绝大部分。而国内种植的甘蔗主要以宿根蔗为主,由于纬度和气候的原因,国内宿根蔗的生长周期一般是3年,因为随着宿根蔗年份的增加,其糖分会不断下降,所以一般到了第3年都会被砍了重新种植。宿根蔗的3年生长周期导致了国内白糖产量的3年增产和3年减产周期,价格上也是平均3年牛市和3年熊市,如图3-8所示。

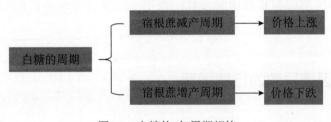

图3-8 白糖的6年周期规律

另外，鸡蛋价格也存在类似的周期，其根本原因在于利润驱使下的补栏与蛋鸡生长周期。在蛋鸡养殖利润较差的情况下，就会导致养殖户的养殖积极性下降，补栏开始降低，从而导致蛋鸡的存栏量下降，存栏量的下降导致鸡蛋的供应减少。在供需的作用下，鸡蛋价格开始上涨，从而使得蛋鸡养殖利润开始变好，在养殖利润较好的情况下，养殖户的养殖积极性就比较高，补栏开始增加，从而导致蛋鸡的存栏开始上升，存栏量上升导致鸡蛋的供应增加，在供需的作用下，鸡蛋价格开始下跌，结果利润再次变差，如图3-9所示。

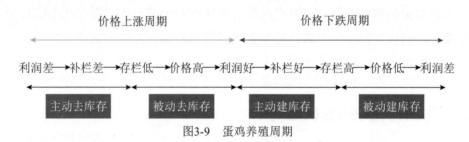

图3-9　蛋鸡养殖周期

鸡蛋价格基本上也是3年左右一个周期，主要原因在于利润对养殖户补栏行为的影响，养殖户补栏之后，蛋鸡从出壳到产蛋大约120天，产蛋以后大约300天以后产蛋能力就开始下降，蛋鸡的完整的生命周期大约在520天左右，基本上是一年半的时间，一个主动补库周期加上一个主动去库周期大约在3年左右。与蛋价周期类似的还有猪肉价格周期，原理都是一样的。

此外，需要注意的是，这些周期是在市场经济下自然发生的交替性的周期规律，但有时候会因为国家的一些政策原因，导致周期拉长或者缩短，即政策因素可能会改善或者打破周期规律，所以要时刻关注国家对相关行业领域的政策。

例如，对于白糖采取的配额和关税保护措施，使得国内白糖价格高于国际原糖，国内糖的定价权主要在于广西。一旦我国的关税保护措施开始放松，那么国内白糖的价格就容易和国际接轨，而不一定继续遵循宿根蔗的3年生长周期规律。

## 3.4　天气因素导致的行情周期

有些农产品的周期是由天气导致的，天气的周期性变化与地球的转动速度变化有关，因此，每当这类机会出现时，我们需要去把握。下面以豆粕为例(见

图3-10),来简单介绍一下天气因素导致的行情周期,同时简单介绍一下这种周期产生的原因。

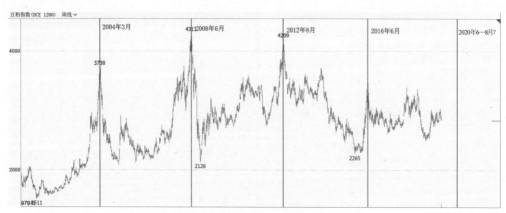

图3-10 豆粕的4年周期行情

**关键词:4年周期、认识周期、分析周期、应用周期**

霍华德·马克思在《周期》一书中提到周期的三大规律:第一规律,不走直线必走曲线;第二规律,不会相同只会相似;第三规律,少走中间多走极端。他认为,周期毫无疑问是投资中最重要的事情,所以投资者需要学会认识周期、分析周期和应用周期。

大多数交易者都知道糖价周期、猪肉价格周期、蛋价周期,但是还有一些可能被我们忽视的其他周期,例如豆粕的4年周期。从豆粕指数来看,豆粕期货从2000年上市以来,每隔4年就会出现一个价格高点,2004年—2008年—2012年—2016年一直遵循着这个周期,这是我们对豆粕4年周期最粗浅的认识。

接下来,我们需要分析一下豆粕的4年周期。当然,我们很难对过去的每一年都进行复盘,所以这里只是简单地对价格高点发生的那一年的行情进行一个简单的回顾。让我们一起看一下,当年都发生了什么事情,从而导致价格的暴涨暴跌。

当然,正如霍华德·马克思所说的,在周期存续期间发生的这些事件,不应该只被看作一个事件接着一个事件地发生,而应该被看作一个事件引发下一个事件,因果关系远远重于先后顺序,只有这样才能够更好地理解周期。只有更好地理解周期,才能更好地应用周期。记住我们所处周期的位置,它会深刻影响我们的获胜机会。

1. 2004年豆粕行情回顾(见图3-11)

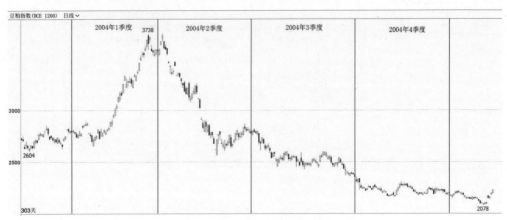

图3-11　2004年豆粕行情回顾

**关键词：禽流感、紧缩政策、需求不足、毒大豆事件**

1) 2004年1季度：强势上涨

2004年1季度国内豆粕价格大涨，主要得益于禽流感得到控制，国家开始从税收和补贴角度来扶持养殖行业，豆粕的需求增加，导致一些观望的企业因为库存不足，开始大量采购豆粕，一时间豆粕需求大增，刺激了价格上涨。再加上CBOT(芝加哥商品交易所)大豆价格上涨，进口成本进一步增加，国内油厂也开始纷纷涨价，所以豆粕价格进一步大涨，1季度豆粕指数直接突破3700点。

2) 2004年2季度：强势下跌

2004年2季度国内豆粕大跌，主要因为国家紧缩政策的影响以及对禽流感的低估。尽管国家对家禽养殖进行了扶持，但禽流感对需求造成的影响开始逐步显现，需求端表现不佳，与此同时，国家为了抑制投资过热，采取了宏观调控措施，结果一些企业的资金链比较紧张，开始了大量抛售，从而导致豆粕价格暴跌，走出了一个倒"V"型反转。

3) 2004年3季度：震荡下跌

2004年3季度国内豆粕震荡下跌，尽管在南美毒大豆事件的影响下，预期国内大豆供应会有所减少，盘面上一度走出一波反弹行情，但无奈在国家紧缩的宏观调控以及禽流感的影响下，整体需求不容乐观，市场投机做多的热情也不是很强烈，价格略微反弹之后依然出现了震荡下跌。

4) 2004年4季度：偏弱震荡

2004年4季度国内豆粕偏弱震荡，由于美国大豆增产，所以价格上涨无力，但由于国外大豆价格下跌,豆农惜售,所以在这种情况下,国内豆粕价格上涨乏力,下跌缺乏空间,一直处于价格低位偏弱震荡状态。2004年之前市场对于天气和灾害的炒作似乎并不明显,尽管大豆锈病有可能导致南美大豆减产,但盘面上并没有发生剧烈的反应。

2. 2008年豆粕行情回顾(见图3-12)

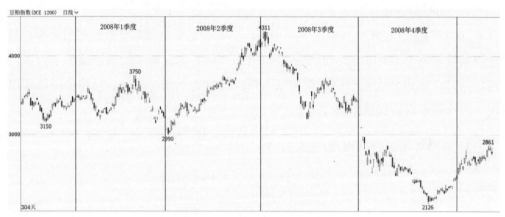

图3-12　2008年豆粕行情回顾

**关键词:天气因素、生物柴油、奥运会、金融危机**

1) 2008年1季度:区间震荡

2008年1季度豆粕先涨后跌,整体处于区间震荡状态。此时我们国家经济整体向好,整体有一定的通胀趋势;年初上涨的部分原因是南方暴雪引发雪灾,交通不便,从而引发物价上涨;国际上对生物柴油的炒作,导致外盘大豆价格上涨,内盘豆粕价格也随之上涨。随着价格逼近3800点,资金的风险偏好开始下降,价格开始高位回落。国家也采取政策打压物价上涨,例如降低关税、抛出储备期货、控制贷款发放等,所以豆粕价格从高位下跌。

2) 2008年2季度:强势上涨

2008年2季度豆粕价格又迎来了一次大爆发,最直接的原因是美国大豆主产区在6月份遭受了大洪水,导致大豆重播以及收获时间推迟,进而增加了霜冻的可能性,所以市场预期将严重影响未来的单产。在此期间,USDA(美国农业部有机认证)供需报告不断发相关利好,美国大豆大幅走高,创下了历史新高,而国内豆粕的行情再次被点燃,资金做多的热情非常强烈,期货盘面冲破了4300点。

3) 2008年3季度：震荡下跌

2008年3季度豆粕价格开启了下跌之路，一方面国内豆粕价格走高，技术上形成了双顶的形态，另一方面全球金融危机爆发，原油暴跌，从147美元/桶跌到35美元/桶，全球都蔓延在悲观的情绪当中，各种商品价格基本上都大幅下跌，市场开始走出来宏观行情，豆粕在经历天气炒作之后，也跟着全球大宗市场开始回调。

4) 2008年4季度：强势下跌

2008年4季度豆粕价格继续大幅下跌，主要还是受全球性金融危机的影响，整个市场弥漫着悲观的气氛，市场的投机信心严重不足，做多的热情受到了打压，与此同时，国内外大豆价格连续破位下跌。覆巢之下安有完卵，豆粕价格连续出现一字跌停，价格加速下跌。

3. 2012年豆粕行情回顾(见图3-13)

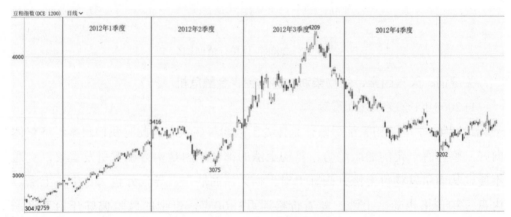

图3-13　2012年豆粕行情回顾

**关键词：天气因素、北美大旱、宏观向下、"洗船"频发**

1) 2012年1季度：强势上涨

2012年1季度豆粕大涨，最根本的原因是南美大豆遭遇了干旱，市场预期南美大豆减产，外盘美国大豆价格也因此而不断上涨，再加上国内猪禽养殖需求旺盛，对饲料的需求比较稳定，在此背景下，需求端无忧，供应端由于南美干旱预期减产，所以现货价格不断上涨，期货盘面也是一路温和上涨，价格重心不断上移，逼近3500点大关。

## 2) 2012年2季度：震荡回调

2012年2季度豆粕价格震荡回调，一方面是由于南美进口大豆开始到港，而国内港口库存处于较高位置，供应端压力较大，另一方面全球宏观形势比较差，国际上欧债危机爆发，一些国家进行大选加剧了全球的不稳定性，国内螺纹钢价格也是一路向下。因为悲观的宏观预期以及进口大豆到港带来的库存压力，盘面开始从高位进行回调。

## 3) 2012年3季度：再次大涨

2012年3季度豆粕价格再次暴涨，根本原因在于拉尼娜导致美国遭遇了56年来罕见的大旱，年初的南美干旱，再加上北美罕见的大旱，市场对全球大豆产量减产的预期更加强烈，外盘价格不断上涨，内盘豆粕价格也因此创下了年内新高，期货突破了4200点。较高的豆粕价格带来了丰厚的榨利，导致许多油厂高价点豆，为后期豆粕的下跌埋下了隐患。

## 4) 2012年4季度：大幅回调

2012年4季度豆粕开始了下跌之路，在高榨利的驱使下，许多企业高价点豆，市场预期进口到港大豆增加，供应端压力不断显现，而需求端开始逐渐降温，所以资金的热情开始消退，由于之前进口大豆点价成本过高，再加上国内豆粕价格迅速下跌，从而导致许多压榨企业不堪重负，"洗船"现象频频发生。另外，USDA报告也对减产预期进行修复，所以4季度整个豆粕价格从高位不断回落。

### 4. 2016年豆粕行情回顾(见图3-14)

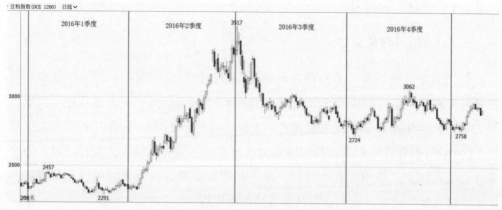

图3-14　2016年豆粕行情回顾

**关键词：天气因素、超限新规、到港延误、环保整顿**

1) 2016年1季度：震荡下跌

2016年1季度豆粕价格整体处于震荡下跌状态，之所以震荡下跌，最主要的原因是终端养殖业产能缩减，当时生猪存栏量同比大幅下跌，存栏量处于低位，饲料需求低迷，成交量较少，所以现货价格不断下跌，再加上进口大豆数量的回升，从供应端进一步给豆粕价格施压，所以整个1季度，豆粕价格一路向下。

2) 2016年2季度：强势上涨

2016年2季度豆粕迎来了彻底的大爆发，最根本的原因是受到厄尔尼诺天气炒作，南美大豆预期减产，再加上USDA5月和6月报告也是利多支撑，所以美国大豆价格不断上涨，在此背景下，压榨企业开始涨价，豆粕价格不断上涨，现货价格一度涨到3400元/吨，有的地区都超过了3500元/吨。

3) 2016年3季度：大幅回调

2016年3季度豆粕从高位开始回调，国内南方地区迎来了暴雨，一些地区受灾严重，水产养殖以及猪禽饲料需求都受到较大影响，豆粕现货价格见顶回落。此外，USDA报告开始逐渐出现利空，外盘价格相对偏弱，所以在内部需求不佳以及外盘偏弱的情况下，国内豆粕开启了大幅回调下跌之路。

4) 2016年4季度：再次上涨

2016年4季度豆粕价格开启了回调之后的二次上涨。由于运营货车超载超限新规的实行，导致物流成本上升，再加上进口大豆到港延误和南方广东地区环保整顿油厂，从而导致供应端再次偏紧，豆粕货源变得紧张，因此豆粕价格再次开始上涨，不过此次上涨的力度远远小于2季度。

5. 关于4年周期的分析

在2004年之前，天气的炒作并不明显，但我们可以发现，从2004年之后，但凡豆粕大涨的年份，都会有天气配合。2008年2季度美国大豆主产区遭遇了洪水，2012年1季度南美干旱导致大豆减产，3季度北美遭遇56年不遇大旱导致大豆减产，2016年2季度受厄尔尼诺影响南美大豆减产。尽管每次发生大涨行情时，各个事件会依次发生，但事件各不相同，唯一相同的就是天气因素，所以关于豆粕的这种价格周期的背后，我们认为是天气炒作在作祟。

巧合的是，厄尔尼诺现象平均大约每4年发生1次，拉尼娜常发生于厄尔尼诺之后，但也不是每次都这样。厄尔尼诺与拉尼娜相互转变需要大约4年的时间。所以无论是平均4年发生1次的厄尔尼诺现象，还是平均4年与厄尔尼诺现象相互转变的拉尼娜现象，都与豆粕的每4年出现1次价格高点相吻合。

2008年厄尔尼诺现象，2012年拉尼娜现象，2016年厄尔尼诺现象。所以豆粕4年的价格周期都伴随着天气因素，而这种天气因素不是厄尔尼诺现象就是拉尼娜现象，而厄尔尼诺现象或拉尼娜现象，是不以人的意志为转移的，它与地球自转有关，会相对周期性地发生。

所以，按照这种规律来看，2008年厄尔尼诺现象→2012年拉尼娜现象→2016年厄尔尼诺现象→2020年拉尼娜现象？所以2019年厄尔尼诺现象有可能转正常，在9月份结束，2020年春天开始爆发拉尼娜现象，此时正值南美大豆生长时期，高温干旱天气可能会导致南美大豆减产。2020年有可能上半年异常燥热，而冬季异常寒冷。

既然厄尔尼诺和拉尼娜现象对农产品的影响这么大，那怎么才能判断是否发生厄尔尼诺或者拉尼娜现象呢？其实，这个很简单，虽然我们并不是气象学家，但对于气象学界的常用工具，我们会用就可以了。

为了监测热带太平洋地区海面水温的变化，气象学界构造了各种指数，通过这些指数的变化来预测发生厄尔尼诺和拉尼娜现象的概率，其中最为著名的就是NINO SST INDEX(尼诺SST指数)。

它把赤道附近的热带太平洋地区根据相应的经纬度(S代表南纬，N代表北纬，E代表东经，W代表西经)进行划分，一共分成了4个区域：

- Nino 1+2(0-10S，90W-80W)
- Nino 3(5N-5S，150W-90W)
- Nino 4(5N-5S，160E-150W)
- Nino 3.4(5N-5S，170W-120W)

各个划分的区域如图3-15所示，Nino 1+2这个区域是Nino SST指数当中最小的区域，也是最靠东的区域，它与南美海岸线对应，这个指数往往被当地居民认为最先可能发生厄尔尼诺现象，但问题是这个指数是所有Nino SST指数当中方差最大的一个。

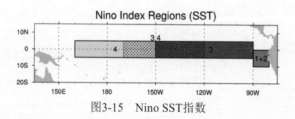

图3-15 Nino SST指数

Nino 3这个区域过去曾是监测和预测厄尔尼诺现象的重要区域,但是后来研究人员发现海洋大气相互作用的关键区域位于西部,所以Nino 3.4在定义厄尔尼诺和拉尼娜现象时备受青睐。

Nino 3.4这个区域发生异常时需要格外注意,它通常使用5个月的移动平均值,当Nino 3.4 SST超过0.4℃并持续6个月或更长时间时,就被定义为厄尔尼诺现象,反之,当Nino 3.4 SST低于-0.4℃并持续6个月或更长时间时,就被定义为拉尼娜现象。

Nino 4指数用于捕获赤道太平洋地区中部的SST异常,这个区域的方差往往比其他Nino区域要小。

在上述指数当中,我们观察得比较多的是Nino 1+2、Nino 3、Nino 3.4、Nino 4这4个区域的异常情况。我们可以在Tropical Tidbits这个网站上进行观察,这个网站有各种气象分析工具。

我们可以选择Ocean Analysis来看一下SST Anomaly Time Series,默认就是Nino 3.4区域的时间序列,还可以切换到Nino 1+2、Nino 3、Nino 4等几个区域的时间序列,从而来判断厄尔尼诺与拉尼娜现象的变化和发展情况。

# 第4章 产业链分析主要看什么

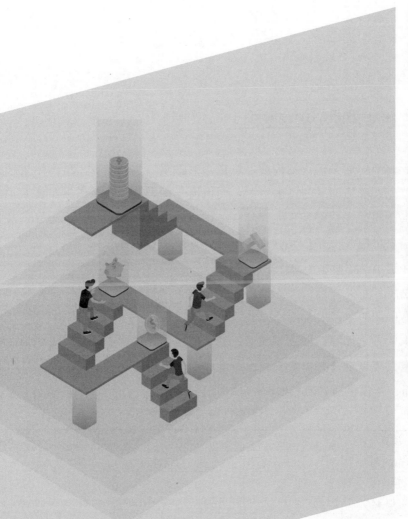

## 4.1 供需平衡分析是基础

我们都知道供求决定价格，价格影响供求。所以想要了解未来价格变化的方向，首先要搞懂商品的供求情况，而供需平衡表则是分析供需平衡必不可少的工具。供需平衡表主要有三大部分：总供应量、总需求量、期末库存，从计算角度来讲，总供应量-总需求量=期末库存，期末库存越高，说明供应过剩越严重，期末库存越小，说明供不应求越严重。

总供应量又可以细分为期初库存、当年产量、进口量几个部分，用公式可以表示为：期初库存+当年产量+进口量=总供应量，其中期初库存就等于上一年末或者月末的期末库存，取决于我们做的是年度供需平衡表还是月度供需平衡表。总需求量又可以细分为消费量和出口量两部分，用公式表示为：消费量+出口量=总需求量。年度供需平衡表如表4-1所示。

表4-1 年度供需平衡表

| 项目 | 2016年 | 2017年 | 2018年 | 2019年 |
|---|---|---|---|---|
| 期初库存 | | | | |
| 当年产量 | | | | |
| 进口量 | | | | |
| 总供应量 | | | | |
| 消费量 | | | | |
| 出口量 | | | | |
| 期末库存 | | | | |
| 库存消费比 | | | | |

我们一般用期末库存的高低来反映供求平衡的状态，但单纯看一个期末库存的高低有时候可能会引起误导，例如，当我们发现某个商品的期末库存较高时，

并不一定说明供求过剩很严重,也有可能是这个商品每年的消耗量巨大,期末库存相对于年度需求量来说非常小。

所以为了能够更好地评价商品的供需情况,往往采用库存消费比来衡量供求之间的关系,库存消费比越高,说明供求过剩越严重,库存消费比越低,说明供不应求的情况越严重。库存消费比的计算方式是:期末库存除以上一年度或者月度的总需求量。

在构建商品的供需平衡表时,一般会同时构建两个供需平衡表,一个是年度的供需平衡表,来判断一下某个商品全年的供需平衡情况,是供求宽松,还是供求偏紧;另一个是月度的供需平衡表,主要用于判断商品供需平衡的节奏变化,如图4-1所示。

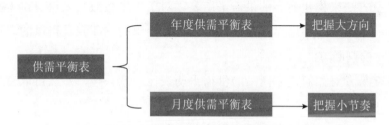

图4-1　年度供需平衡表与月度供需平衡表的作用

月度供需平衡表的主要作用是从月度总产能、检修计划、开工率等角度来计算一个合理的当月产量,再结合历史上的当月进口情况,预估一下本月的进口情况,再将上月的月末库存作为本月的期初库存,从而得到本月的总供应量。与此同时还要统计下游本月的消费量,主要根据下游的月度总产能、检修计划、开工率来计算一个合理的当月消费量,再根据历史上当月的出口情况,预估一个本月的出口情况,从而得到本月的总需求量。

有了总供给量和总需求量,我们就可以计算出月末的库存,以及当月的库存消费比,从而构建一个月度的供需平衡表。有了月度供需平衡表,我们就可以掌握商品更短周期的价格波动。但问题是,由于我们这里用到了预估,所以就需要分情况讨论,乐观情况、中性情况、悲观情况,做出三种不同情况下的供需平衡表,然后对供需平衡表进行进一步修正,如图4-2所示。

所以,我们所做的月度供需平衡表并不是完全准确的,它只是给我们的交易提供了一个简单的参考,我们还需要根据后期真实的数据对供需平衡表中的数据进行修正,在修正后的数据基础之上,再对未来的供需平衡进行新的预估。

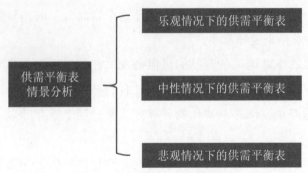

图4-2 供需平衡表的情景分析

供需平衡表看似简单，但是真正做起来并不容易，对于散户交易者来说，几乎是不可能完成供需平衡表的，一般情况下只有机构交易者或者分析师才有足够的数据以及方法来构建商品的供需平衡表。对于大多数散户来说，在无法构建供需平衡表的情况下，利用库存这个指标来进行简单的判断也是可以的，这是一种退而求其次的判断方法。

如果交易者对如何建立商品的供需平衡表比较感兴趣，那么可以参考我写的一个简单介绍：

首先，商品的供需平衡表思路很简单，但实际上操作比较复杂，最终呈现的结果很简单，但你要把这个表中数据完全填好了，需要做大量的工作，所以操作上并不简单，而是相当复杂。

其次，从供需平衡表的项目来说，总供给包括当期产量、进口量，总需求包括消费量、出口量，总供给减去总需求，就是当期的供需缺口。然后我们再看库存，库存分为两种，一种是上一年度或者月度的结转库存，叫作期初库存，期初库存加上当期的供需缺口，得到的就是期末库存，本期的期末库存又是下一期的期初库存。然后，我们一般都会计算一下库存消费比，用一个指标来看一下供应过剩或紧缺的程度。

接下来，我们需要对供需平衡表里的每一项数据进行搜集、整理和处理。期初库存是比较容易获得的，一般都有第三方数据库给你统计好了，可以直接录入。

然后，你需要去预估逐月的产量，分工业品和农产品，工业品每个月的产量等于当月产能乘以当月开工率，它的产量可能比较连续，但问题是，你要统计全口径的装置，还要统计各个装置的运行情况，以及检修情况，每检修一天都会造成产量的减少，还有预期产能投放，可能到了某个月之后，整个行业的产能会发生变化。产量预测表如表4-2所示。

表4-2　产量预测表

| 项目 | 1月 | 2月 | 3月 | 4月 | 5月 | 6月 | 7月 | 8月 | 9月 | 10月 | 11月 | 12月 |
|---|---|---|---|---|---|---|---|---|---|---|---|---|
| 初始产能 | | | | | | | | | | | | |
| 新增产能 | | | | | | | | | | | | |
| 总产能 | | | | | | | | | | | | |
| 开工率情况 | | | | | | | | | | | | |
| 理论产量 | | | | | | | | | | | | |
| 检修产地 | | | | | | | | | | | | |
| 检修天数 | | | | | | | | | | | | |
| 损失产量 | | | | | | | | | | | | |
| 预期产量 | | | | | | | | | | | | |

从计算角度来说，你要知道每个月的总产能、开工率情况，从而计算出总的产量，然后看一下当月装置检修情况以及检修天数，从而计算损失的产量，总产量减去损失产量得到当月的预期产量。这里面还有个问题是你对开工率的预测，利润的不同，库存的不同，都会影响开工率，你想准确预测还是很难的。

上面是工业品的计算方法，对于农产品来说，通过种植面积、单产来预测产量，种植面积需要不断调整，比如USDA报告就经常对美国大豆种植面积进行调整。单产的影响因素就更多了，温度、水分、种植进度、灾害等，仅仅产量一个因素就能把你折腾半天。

接下来是进口量。进口量比较简单，直接查海关数据就可以了，基本比较稳定，当然你也可以通过跟踪买船的情况，来预测进口量，然后用海关数据进行修正。出口量也是如此，它的变化相对稳定。我们预测了产量、进口量，那么总供给就得到了。

然后我们再看消费量。有的品种下游消费十分分散，如果挨个统计费时费力，下游比较集中的品种可能还好统计一些。你还要搞清楚不同下游产品和这个上游原料之间的生产配比关系，需求端比供应端更难统计。有一个简单的方法，可以找几个下游典型的产品，然后根据它们对原料的需求占比来预估整个需求量。

举个简单的例子，下游有A、B两个主要产品，A占了这个原料需求的70%，B占了这个原料需求的20%，生产1单位A需要3单位原料，生产1单位B需要2单位原料，我们知道了A的产量为$m$，B的产量为$n$，那么生产A消耗原料就是$3m$，生产B消耗原料就是$2n$，那么$3m+2n$占了整个原料需求的90%，我们可以倒推出当月原料的需求量。

那么问题来了,想要知道当月A、B的产量,就又回到了产量预测上来,产能、开工率、预期产能投放、装置检修计划等,又是一个浩大的工程。当我们得到了需求量和出口量之后,总需求总算是搞定啦。

这样一来,整个供需平衡表的数据基本上都能够填满了,最后一个库存消费比,就是用当期总需求除以期末库存。库存消费比越低说明供求越紧张,库存消费比越高,说明供求越宽松。库存消费比变化与行情涨跌的关系如图4-3所示。

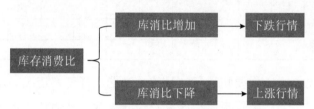

图4-3 库存消费比变化与行情涨跌的关系

需要注意的是,我们得到的这个供需平衡表并不准确,我们要在每个月实际数据出来之后,对我们预估的供需平衡表进行修正。在修正之后的基础上,重新对供需平衡表进行预估。

另外,关于开工率的问题,可能受到库存、利润的影响而发生变化,在进行分析的时候,我们一般采用情景分析法,分为三种情况,乐观情况下的开工率、中性情况下的开工率、悲观情况下的开工率,不同开工率下对应不同的产量,从而得到三个不同的供需平衡表。

当然,这里面还有其他一些细节问题,我不多说了。做供需平衡表不是一个简单的事情,比较烦琐,需要有足够的数据和耐心,还得有一定的方法,而且,它未必有效。相比较而言,我个人认为库存+基差+利润的交易逻辑才是真正简单有效的。

## 4.2 库存与利润在产业链中的分布

利润是任何一个行业的生命线,某个环节处于高利润阶段往往会导致该环节加大供应,短期在高利润的驱使下会导致开工率的上升,长期在高利润的驱使下可能导致产能投放,随着短期开工率的提高以及长期产能的投放,供应端的压力会越来越大,从利润传导到开工率和预期产能投放,从而改变产量,供应端开始发生边际变化,这是第一个效应。

另外,由于该环节处于高利润状态,高利润往往对应着产品的高价格,而高价格会抑制需求,随着利润的上涨,商品价格不断走高,对需求的抑制作用就会越来越强,从而导致需求开始变差,需求端开始发生边际变化,这是第二个效应。

当整个产业链某个环节发生利润变化时,会驱动供需两端发生变化,从而使产业链的结构发生相应的转变,产业结构发生转变之后,价格就会寻求新的均衡。因此,对整个行业进行分析,我认为最重要的就是去分析产业利润在产业链上下游的传导,以及在此过程中开工率、预期产能投放的变化。相关传导过程如图4-4所示。

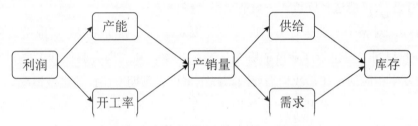

图4-4 产业利润是行业分析的一个核心

可见,利润是任何一个行业的生命线,行业研究以利润传导为核心,根据利润在产业链中的传导跟踪产能与开工率的变化,进而推算产业结构供需平衡的变化,同时将各环节的库存作为监控指标。

除了利润之外,还有一个我们需要格外关注的指标是库存。我们都知道,供求决定价格,而供求相互作用的结果体现在库存数据上。正常情况下,高利润会驱动企业扩大生产,短期提高开工率,长期增加产能投放,从而增加产量,与此同时,需求端在上游高利润的影响下受到影响,需求不断下降,所以理论上库存会不断累积。

当上游企业在高利润的驱使下,把手中的资金转化为更加值钱的库存时,由于库存无法快速出售回笼资金,慢慢就会遭遇现金流的压力,就会迫使企业不得不去库存,降低价格,薄利多销,把手中的库存快速转化为资金。所以哪个环节库存较高,哪个环节就会面临较大的现金流压力,就会面临主动去库的问题,把库存转化为资金,如图4-5所示。

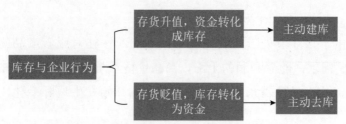

图4-5 库存价值与企业行为之间的关系

如果上游企业存在高库存的压力,那么上游可能会主动降价,高利润会逐步收窄,价格逐步下降;如果下游企业成品存在高库存的压力,那么下游企业对上游原材料的需求就会降低,久而久之,上游被迫也会慢慢降低原料的价格。相反,如果下游企业成品库存较低,那么未来就会存在补库预期,这个时候上游企业基本上不太可能选择降价,一般情况下会提价。

所以,对整个产业进行分析时,首先要观察产业利润在整个产业链之间的传导,当下利润主要位于产业链的哪个环节;其次,高利润会驱使开工率和预期产能投放发生相应的变化,我们需要跟踪开工率以及预期产能投放进度情况。

最后,供需相互作用的结果体现在库存上,我们最终还需要监控产业链各个环节的库存情况,从而把握整个产业链当下的格局以及主要矛盾在哪里,所以利润和库存是两个终极指标,开工率以及产能变化是需要跟踪的中间指标。

另外,关于库存,需要注意的是产业链不同环节库存的变化,例如,当下游需求较差的时候,社会库存不断下降,而厂库库存却在不断累积,由于社会库存下降超过厂库的增加,因此总库存也是下降的。

在这种情况下,我们不能够因为看到总库存下降,就盲目认为需求不错,而是需要结合产业链上下游的库存变化去判断需求情况以及上下游的心态。在这种情况下,往往说明市场需求并不好,或者预期市场需求较差,所以贸易商采取主动去库的策略,社会库存不断下降。

与此同时,由于生产有利润,所以上游生产商依然在不断生产,可以选择在期货盘面卖出套保,锁定利润,因此生产商产量不断增加,下游去库采购延缓,所以厂库库存不断增加,在这种情况下,价格往往容易承压下跌,如图4-6所示。

因此,我们无论是研究库存还是研究利润,不能只看单一环节的情况,而是需要结合产业链上下游一起进行判断,因为产业链各个环节并不是孤立的,而是会相互传导的,我们需要找到产业的问题在哪个环节,未来这个环节的出路在哪里,这是产业链分析的重中之重。

图4-6 根据产业链上下游库存变化的不同来判断需求

## 4.3 上中下游侧重点是什么

对于任何一个品种，我们不能孤立地只看产业链的本环节，也需要关注产业链的上中下游环节，从而把握产业的整体情况。上游主要负责生产和供应，下游主要负责消费和需求，中游起到了承上启下的作用。

正常情况下，对于产业链的任何一个环节，我们都需要了解其库存、基差、利润、产能、开工率等情况，这是基本面要素，如图4-7所示。

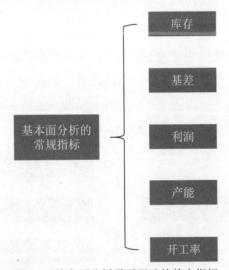

图4-7 基本面分析需要跟踪的基本指标

假设我们交易的期货品种处于中游，上游有生产商，下游有需求商，这个时候对于产业链本环节，我们需要关注库存、基差、利润、产能、开工率这几个重要指标。

对于上游的生产商，我们需要注意产业的集中度情况。集中度不同，产业定价的逻辑也不相同，完全竞争定价、寡头定价以及垄断定价都是不同的，所以对于上游生产商，我们需要了解其集中度情况，然后判断上游是完全竞争市场、寡头市场还是垄断市场。

对于完全竞争市场,高利润是不合理的,往往也是不可持续的;对于寡头市场,高利润也是相对不合理的,因为寡头具有不稳定性的特征,所以高利润的持续时间可能会长一些,但最终还是会回归正常利润;对于垄断市场来说,高利润就是合理的,而且持续时间非常长。

另外,上游主要是生产商,除了关注集中度情况之外,我们还需要关注产能、开工率和库存情况(见图4-8),这三个指标是相对重要的,产能和开工率决定新增产量,而库存是历史存量,综合起来就是上游的总供应。

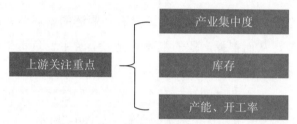

图4-8 对上游企业需要关注的重点

对于下游的需求商来说,我们需要关注企业的现金流情况,因为下游主要提供需求,现金流情况的好坏往往影响下游需求,从而影响下游对本环节商品的采购数量。此外,除了需要关注下游的现金流情况之外,还需要关注下游的库存情况,如果下游库存较低,就存在补库需求,增加对本环节产品的采购;反之,如果下游库存较高,就会抑制对本环节产品的需求。对下游企业需关注的重点如图4-9所示。

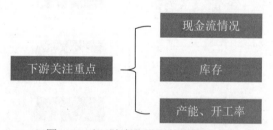

图4-9 对下游企业需要关注的重点

如果想要研究得更加深入的话,可以细分到上下游的各个典型企业,例如下游企业的情况,除了上面提到的现金流情况、库存情况,还可以包括融资能力、相关发展计划等。

因此,总结一下整个产业链上、中、下游需要关注的重点,常规关注的几个点:库存、基差、利润、产能、开工率。上游需要着重关注的点:集中度、产能、开工率、库存,下游需要着重关注的点:现金流、库存、产能、开工率。

## 4.4 工业品与农产品的分析重点

工业品和农产品相比存在较大的不同,工业品的金融属性更强一些,所以受到宏观经济以及货币政策的影响较大,与此同时,工业品的供应周期相对较短并且能够连续供应,而需求端则受经济环境影响较大,所以对于工业品主要关注宏观经济、货币政策以及下游需求,如图4-10所示。

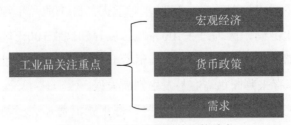

图4-10 对工业品需要关注的重点

与之相反,农产品的金融属性相对较弱一些,对宏观经济以及货币政策并不是很敏感,相反对国家的一些产业政策更加敏感,例如收抛储政策、关税政策等。此外,农产品的需求弹性较小,需求端相对比较稳定,而供应端往往容易受到天气以及自然灾害的影响,从而产生供需缺口,所以对于农产品主要关注产业、关税政策以及供应端的情况,如图4-11所示。

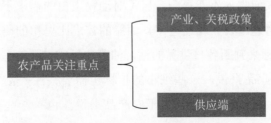

图4-11 对农产品需要关注的重点

因此,在期货领域当中,经常有一些交易者提到"工业品看需求,农产品看供给"这样的交易理念,这其中也是有一定道理的。

另外,需要注意的是,我们在进行基本面分析时,最常使用的一个分析工具就是供需平衡表,供需平衡表当中我们比较关注的一个指标就是库存消费比,因为这个指标最能够反映一个商品的供给和需求的相互作用情况,根据库存消费比可以判断出供给和需求之间的关系。

但是对于一些不太擅长去做供需平衡表的交易者,我们建议退而求其次,选择使用库存来代替库存消费比,严格来说这是不准确的,因为从公式来看,库存消费比=库存/当期消费，直接使用库存来替代库存消费比显然并不准确。

如果某个品种消费相对稳定，那么我们就可以简单地利用库存来替代消费比，因为在消费稳定的情况下，库存消费比的变化和库存的变化是一致的。所以，对于需求弹性较小或者需求相对稳定的品种来说，我们是可以退而求其次，直接利用库存来代替库存消费比去判断供需情况的。

根据工业品和农产品的属性，工业品需求弹性较大，供应相对稳定；而农产品供给弹性较大，需求相对稳定。所以，对于大部分工业品单纯看库存的变化不如参考库存消费比准确，因为过去100万吨的库存和现在100万吨的库存没办法比较，可能过去年消费200万吨，而现在年消费400万吨，需求弹性太大，因此，对于工业品单纯看库存来判断供需容易发生判断失误。

相反，农产品需求端基本上稳定一些，每年就消费那么多植物油，这个时候我们可以近似地利用库存来代替库存消费比去判断商品的供需关系。所以农产品比工业品更适合利用库存进行判断。

另外，需要注意的一点是，农产品内部也存在不同，有的农产品需求增速较小，而有的农产品需求增速较大，所以同样是农产品，有的农产品只看库存准确性高一些，而有的农产品只看库存准确性低一些。

以油粕为例，过去几年豆油的需求增速比较稳定，基本上每年增速在2%~3%，而随着人们收入不断提升，居民对动物蛋白的需求不断增加，蛋白需求每年以5%~6%的增速增长。相比之下，油脂的需求比豆粕的需求更加稳定一些，所以单纯看库存指标来判断各自供需的话，油脂比豆粕准确一些。

最后，对于工业品来说，一些细小的指标也需要关注，例如预期产能投放、开工率、检修计划、进口利润等；对于农产品来说，也有一些数据需要跟踪，例如种植意向、种植面积、天气、灾害、收割进度、USDA报告、MPOB(马来西亚棕榈油局)报告等。

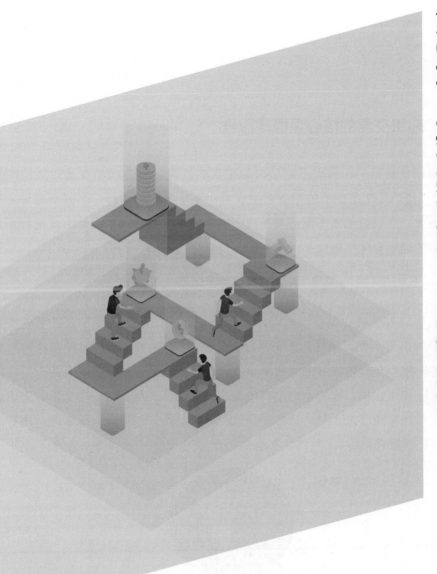

# 第5章 期货交易中的正确思维

## 5.1 期货交易的核心是概率思维

期货交易是一个需要不断学习和积累的过程，一个20年交易经历的期货老手和一个2个月交易经历的期货新手水平是不一样的。然而，这并不是说交易的经历越久，交易者的水平就越高。很多交易者以一种错误的思维方式进行期货交易，即使他们有多年的交易经历，但也鲜有交易经验，他们不懂得观察、思考和总结，只是凭感觉做出交易决策，而这并不是真正的期货投资，而是一种变相赌博！

期货交易的核心是概率思维，简单来说，就是在积极参与大概率事件的同时，努力防范小概率事件，如图5-1所示。任何交易者开仓的时候都认为自己的开仓方向将会是行情发展的大概率事件，缺乏概率思维的交易者有两个典型的表现：重仓和不止损，因为他们没有防范小概率事件。所以，一个交易者无论之前在期货市场中赚了多少钱，只要缺少这种概率思维，一次黑天鹅事件，期货市场就可以让他爆仓出局。

图5-1 参与大概率事件，同时防范小概率事件

既然我们知道了在交易中要时刻保持概率思维，那么接下来的问题就是，我们如何去寻找大概率事件以及如何去防范小概率事件。在寻找大概率事件时，有的交易者采取了技术分析法，有的交易者采取了基本面分析法，也有的交易者利

用基本面和技术面共振的方法。

长时间以来,基本面派和技术面派经常水火不容,互相攻击,其实任何方法并没有好坏之分,其判断结果都不是百分之百准确,而只是一种概率。在防范小概率事件时,大多数交易者的想法比较一致,那就是资金管理。然而,比资金管理更加重要的是自我管理,因为绝大多数主观交易者的一致性非常差。

参与大概率事件其实分为两个过程,首先我们需要发现什么是大概率事件,其次我们需要确定何时参与大概率事件。本质上前者考验的是交易者的商品选择能力,而后者考验的是交易者的择时能力。

众所周知,商品有同涨同跌的属性,既然如此,那为什么上涨的时候我们有时候选择做多铁矿石,而不去选择做多螺纹钢呢?这是因为,我们根据基本面分析认为铁矿石的上涨空间比螺纹钢的上涨空间更大一些。既然我们根据基本面分析判断商品后期会上涨,为什么我们不选择入场呢?这是因为,基本面分析的作用在于品种的选择,入场时机的选择需要技术面给出明显的进场信号。

很多交易者把基本面分析和技术分析的作用给混淆了,所以操作时比较混乱。其实,基本面分析的主要作用就是品种选择与方向判断,而技术分析的作用主要是进出场时机的选择。很多技术分析者不认可基本面分析者,他们有人认为基本面分析都是马后炮,也有人认为散户不可能了解基本面。

其实,基本面分析是通过演绎法的方式去判断市场走势,技术分析法是通过归纳法的方式去判断市场的走势,前者基于严格的逻辑推理,后者基于历史会重演等假设,但交易并非一门科学,所以基本面分析法并不总是有效;同时,历史并不会简单重演,所以技术分析法也并不总是有效。因此,两种分析方法的判断结果都只是一种概率,如图5-2所示。

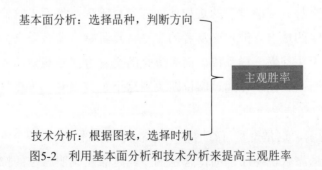

图5-2 利用基本面分析和技术分析来提高主观胜率

精明的交易者时刻保持着概率思维,他们通过基本面分析法找到了大概率事件,利用技术分析给出的明显信号来参与大概率事件。与此同时,为了防范小概率事件，他们懂得做好资金管理。为了表示对概率思维的尊重，当他们找到自认为的大概率事件时，并不是急于入场，而是耐心等待，等待着技术分析给出强烈的进场信号。

## 5.2 让自己的交易处于平衡状态

期货交易中最重要的是什么？有人说是方法，有人说是技术，也有人说是心态，各有道理。我个人认为，交易中最重要的是资金管理。无论是方法或者技术，都只能帮助你提高交易胜率层面的优势，而无法帮助你提高赔率层面的优势。

相信很多交易者都听说过美国魔术师的故事，有一位美国魔术师放弃任何判断，采用看似荒唐的抛硬币的方法来决定交易的方向，硬币数字朝上时选择做多，硬币图案朝上时选择做空，结果一年下来这位神奇魔术师的交易结果令人震惊，收益实现了翻倍。如果说方法或技巧很重要，那么这位魔术师的案例则是一个很好的反例，因为他用了一种看似荒唐滑稽的抛硬币的方法就实现了非常好的盈利效果。

所以，交易中最重要的并不是什么方法或者技巧，然而大多数交易者认为存在所谓必胜甚至常胜的方法或者技巧，一直迷失在苦苦寻找交易圣杯的道路上。其实，交易中无非两个核心因素，一个是胜率，一个是赔率，这位魔术师的方式显然是放弃了胜率，抛硬币猜多空的胜率理论上是50%，然而他最终可以实现收益翻倍，说明这位神奇的魔术师一定是一位资金管理大师，因为他的交易具有赔率优势。

我认为，交易者应该学习的是如何做好资金管理，然而，这恰恰是大多数散户交易者所忽略的地方。散户交易者的交易特点是赌，要么重仓押多，要么重仓押空，就像是无头苍蝇一样乱撞，而大资金的交易方法则截然相反，交易中基本上注重多空平衡。我们可以通过席位四象图这个工具来看一下盈利的大资金在长期交易中是如何保持平衡的。

如图5-3所示，这是奇货可查网站中的席位四象图，它由四个维度构成，横轴是多空维度，越靠右说明席位的持仓越偏多，越靠左说明席位的持仓越偏空；纵轴是盈亏维度，越往上说明席位赚钱越多，越往下说明席位亏钱越多；气泡大小是保证金维度，气泡越大说明席位占用的保证金越多，气泡越小说明席位占用的保证金越少；右边还有一列时间维度，我们可以选择任意一个时间，看一下各个席位多空配置的情况以及盈亏的情况。

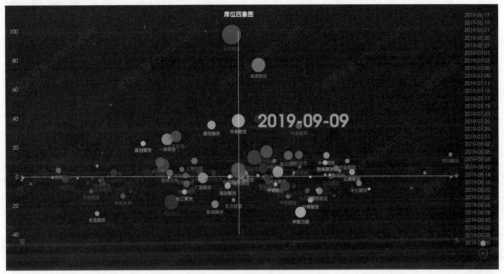

图5-3 席位四象图

以最右列的时间轴为例，我们最开始点击上方的2019-06-17，然后找到这一列最下边的播放按钮，从而可以动态观察所有席位在这段时间之内的多空配置变化以及盈亏情况的变化，整个界面会出现一个动态的气泡到处移动的过程，如果你仔细观察的话，你会发现这里面存在一个交易的秘密，那就是平衡。

我们在图5-3中可以显而易见看到一个大而且高的气泡，你会发现那就是永安期货的席位，气泡大说明它所使用的保证金比较多，位置高说明它盈利比较多，但其实，它并不是一开始就盈利这么多，而是经过一段时间之后才爬到那么高的位置，在这段时间之内，你会发现永安期货的持仓和其他一些席位的持仓存在很大不同。

很多时候我们可能只关注它气泡大小和位置高低，却忽略了它的多空维度。在整个过程中，你会发现永安期货的多空持仓基本上是均衡的，一直在纵轴附近移动，不会大幅偏离纵轴，多头行情来的时候，它的多单盈利超过空单亏损，位置上移；空头行情来的时候，它的空单盈利超过多单亏损，位置还是上移。

不光是永安期货，一些盈利比较强的头部席位基本上也是如此，多空持仓基本均衡，一直不会大幅偏离纵轴；反之，一些盈利比较弱的尾部席位，它们的持仓十分极端，大幅偏离纵轴，一会儿最靠右，一会儿最靠左，随着时间的推移，位置越来越靠下。

其实,对于大多数散户来说,他们的交易方式是赌博,而对于大多数机构来说,他们的交易方式是构造平衡。对于散户来说,一会儿赌多,一会儿赌空,胆子大的不止损死扛,胆子小的频繁止损被割肉。对于机构来说,基本上不存在止损,而是通过构造平衡来对冲风险。

以永安期货为例,在聚酯产业链中(见图5-4),它持有大量PTA[①]的多单,同时采取做空MEG[②]来进行对冲;PTA和MEG都是聚酯产业链上游的原料,因此两个品种对应的下游需求是一致的,但是上游生产方式、生产工艺以及产业集中度不同,导致两个品种在供应端差异较大。因此,在对PTA和MEG进行对冲时,更多的是看两个品种的产能投放以及开工情况。

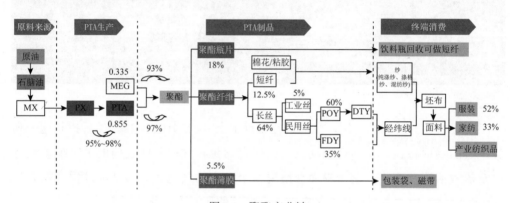

图5-4 聚酯产业链

类似的操作方式在永安这个席位的交易过程中经常可见,以MTO[③]产业链为例,如图5-5所示,永安持有大量PP多单,同时做空MA进行对冲,也做空L进行对冲[④],尽管从聚酯产业链或者MTO装置原料和成品的对冲来看,似乎不是那么完全匹配,但是整体的能化板块上多空保证金基本上配置较为均衡,在黑色系等其他板块也是如此,这样均衡的资金配置,无论行情是多头还是空头,抗风险能力都比较强,不像那些尾部席位,多空偏离巨大,抗风险能力较弱。

---

① PTA中文名称是精对苯二甲酸,它是由对二甲苯(PX)生产而来。PTA是郑商所上市的期货品种,它主要用作聚酯生产的原料。
② MEG中文名称是乙二醇,大商所上市的期货品种,它也是主要用于聚酯生产的原料。
③ M是甲醇,T是To的缩写,O是聚烯烃,MTO就是甲醇制烯烃;C是煤炭,CTO就是煤制烯烃,CTM是煤制甲醇;P是PP,G是汽油,MTP是甲醇制聚丙烯,MTG是甲醇制汽油。
④ MA代表甲醇,L代表塑料。交易代码,详见附录。

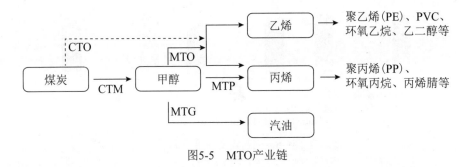

图5-5 MTO产业链

所以,对于交易者来说,要想成为期货市场上的"寿星",你的持仓要寻求平衡,多头头寸的货值要和空头头寸的货值近乎平衡,这是资金的平衡。还可以进一步细化到板块内部的平衡,能化板块的平衡、黑色板块的平衡、有色板块的平衡、农产品板块的平衡,甚至还可以继续细化到产业链内部的平衡。

靠赌确实能赚快钱,也能赚大钱,但是盈亏同源,也能亏快钱,亏大钱。平衡未必能赚快钱,但也能赚大钱。交易中快是风险,大并不是风险。大钱并不一定由快钱加周转率而来,快钱未必能够积累成大钱。大钱是目的,快钱只是一种手段,当这种手段无法达到你的目的时,可以换另一种手段,平衡其实更多的是一种由慢钱到大钱的手段。

国外交易者经常说的一句话是:Trade to live,don't live to trade!当你的持仓不平衡的时候,你的心也难以平静下来,做什么事情都容易受到自己持仓的影响,生怕一个意外事件给你带来巨大损失。

当你的持仓不平衡的时候,你的家庭生活可能也是不平衡的,在本来值得开心的时候,由于持仓不平衡带来巨大亏损,作为交易者的你怎么能开心起来。这就会导致家庭生活中的情感不对称问题,当家人分享喜悦给你的时候,希望获得你的同理心和认可,而你由于持仓亏损巨大,没有表现出相同的喜悦,慢慢家庭关系以及家庭生活也会变得紧张和不平衡。

不仅如此,你做其他的事情也会因为持仓的不平衡而心不在焉,除了时刻盯住电脑屏幕或者手机屏幕之外,你找不到任何能够让你放心的时候,那不是你在炒期货,而是期货在炒你,这样的交易是本末倒置的,交易的目的是为了更好地生活,而生活的目的不是为了交易!

因此,如图5-6所示,一个交易者想要做好交易,至少要做到三方面的平衡:资金多空持仓均衡、板块品种多空配置均衡、生活与交易均衡。

Trade to live, do not live to trade !

图5-6　交易需要注重平衡

## 5.3　事前风控的理念与操作方法

凡事预则立，不预则废。期货交易也是如此。在开仓之前，我们需要做两手准备，如果我们判断正确了，该怎么办？如果我们判断错误了，又该怎么办？把两种情况都考虑清楚，然后制订合理的交易计划，交易中严格按照交易计划进行，这就是交易者常说的：计划你的交易，交易你的计划。

当然，这里不是要详细介绍如何去制订一份交易计划，而是建议交易者要树立事前风控的交易理念，事前风控，事中执行，事后总结。我所接触的一些交易者，开仓之前并没有完全想清楚自己的止损区间或者止盈区间，目标并不明确。

这类交易者往往容易犯这样的错误：当持仓处于盈利状态时，由于缺乏盈利目标，不知道什么时候止盈，结果行情调整的时候，浮盈变成浮亏，又不懂得止损，结果行情越调越深，浮亏严重，最终自己因为承受能力不足而止损了。

如果按照这样的情况交易下去，那是永远也赚不到钱的，因为这从逻辑上就是一个死循环，如图5-7所示。盈利的时候，你永远不知道什么时候该止盈，行情不可能永远朝着一个方向发展，一旦行情掉头你就有可能亏损，然后你也没有明确的止损目标，结果浮亏越来越大，最终巨大的浮亏开始挑战你的心理承受能力，直到把你的心理防线给击垮，最终不得已而止损。这种没有目标和计划性的交易，最终结果必定是亏损离场。

在交易之前，我们必须要有目标以及应对方式。如果你的判断正确，账户开始产生浮盈，最好采取移动止损的方式，不断上移止损线，这样即使最终触发止损了，离场的时候也能够确保不亏钱甚至盈利。盈利的时候，相对好处理一些，交易者的心态也比较放松一些。相反，当账户发生浮亏的时候，交易者心态上往往会面临较大的压力，所以必须提前想好应对措施。

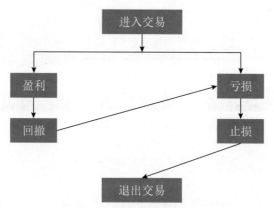

图5-7 交易中的死循环

如果是做带止损的交易的话，最好根据入场位置以及最近的支撑位或阻力位设置止损位置，当价格突破支撑位或阻力位之后，就认为这笔交易失败了，以止损的方式退出交易。交易是有容错率的，是允许失败的，不能为了避免失败而死扛。

如果是做不带止损的交易的话，最好提前想好是采取跨期对冲还是跨品种对冲的方式进行持仓，如果是跨期对冲的方式，必须提前想好近远月多空的逻辑，不能够盲目地去进行跨期对冲，必须保证我们跨期对冲的两条交易是符合逻辑的。当然，我们也可以考虑选择跨品种对冲，跨品种对冲相对于跨期对冲来说，一方面会占用更多的保证金，除非是标准化的套利组合，另一方面风险高于跨期对冲，但有时候预期收益也是高于跨期对冲的。

当市场再次朝着我们预期的方向发展时，我们可以把跨期对冲或者跨品种对冲的那一条交易平掉，从跨期或者跨品种对冲再次变为单边头寸，从而来缓解由于行情对我们不利而导致账户资金大幅减少的尴尬局面。总而言之，当账户浮亏到一定的阈值时，我们必须按照交易计划进行跨期或跨品种对冲，当行情再次对我们有利时，我们需要平掉对冲的品种。

## 5.4 忠于客观，利用主观

在这里，我们需要着重介绍三组核心的理念：主观与客观、赔率与胜率、现实与预期，如图5-8所示。这三组词很简单，往往被大家所忽视。但简单不等于容易，想做好以上这几点还是挺难的。

图5-8 需要注意的三组核心理念

### 1. 主观与客观

首先,要分清楚交易中哪些是主观的,哪些是客观的。我们的基本面分析和技术分析都是主观的,从主观方面判断未来行情发展的方向,只不过主观判断的方法或者手段不同而已。

既然是主观的,那就存在争议,因为见仁见智。所以基本面分析者之间存在争议,基本面分析者和技术分析者之间存在争议,技术分析者之间也可能存在争议。其实,争来争去,没有任何意义,不过是概率而已。

其次,如果你的交易中没有发现客观的理由并坚持客观的理由,交易大概率是会亏钱的。

根据我的观察,很多交易者往往过分重视自己主观判断的概率,而忽视一些客观的因素。但他们不知道自己的判断是存在较大主观性的,我也很主观,但是我在主观的同时,会注重客观并坚持客观优势。

那我们来思考一下,交易中什么是客观的,什么是主观的?

### 2. 赔率与胜率

赔率是客观的,或者说盈亏比是客观的。所以,我一直建议大家顺基差交易,顺期限结构交易,就是为了让大家占据客观优势。

顺基差交易:深贴水做多,高升水做空。

顺期限结构交易:back结构做多,contango结构做空。

我举一个简单的例子,如图5-9所示。某个品种现货4000元/吨,期货3700元/吨,现在期货贴水,最终期现要修复,但问题是修复方式有两种,一种是期货上涨修复基差,另一种是现货下跌修复基差。

其实,我们无论是利用基本面分析还是利用技术分析,都是为了判断基差修复的方向,都是主观判断。现在,我们不去判断修复方向,我们假设期货上涨修复和现货下跌修复的概率是一样的,都是50%。

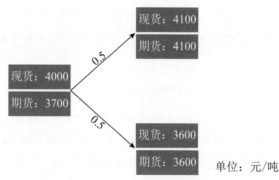

图5-9 顺基差交易所带来的客观赔率优势

顺基差交易,在深贴水的情况下,我们应该做多期货,如果做对了,最终期货上涨来修复,假设最终收在了4100元/吨,我们赚400元/吨;如果做错了,最终现货下跌来修复,假设收在了3600元/吨,我们亏了100元/吨。你会发现,顺基差交易的赔率是4∶1,但如果你逆基差交易去做的话,赔率是1∶4。

赔率4∶1,胜率50%,长此以往交易下来,你会赚很多钱。事实上,我总结过自己的交易,发现37%的胜率,3∶1以上的赔率,盈利还是非常不错的。但是大多数人都忽视客观的赔率,过于相信主观的胜率。

很多人往往忽视基差或者期限结构给我们提供的客观赔率,而是发挥自己的聪明才智,通过基本面分析也好,技术分析也好,去证明自己比别人聪明,判断未来的方向,就是为了提高胜率。

当然,我自己也这样做过,当我通过顺基差交易找到了客观上的赔率优势之后,我继续思考,如何才能提高主观上的胜率优势,所以才有了库存和利润两个判断胜率的指标。

期货贴水,从赔率上讲适合做多,如果从胜率上讲,它确实应该做多就更好了。所以除了基差之外,我想找指标来帮助我提高胜率。如果想要期货上涨来修复基差,那么现货至少要坚挺,现货想要坚挺,那么现货市场上供求关系要偏紧,供求偏紧的结果就是库存偏紧,所以低库存的情况下,我主观判断期货上涨修复基差的概率较大,这是主观胜率。

因此,这才有了最初的基差+库存的交易逻辑[①]:

深贴水(高赔率)+低库存(高胜率)→做多

高升水(高赔率)+高库存(高胜率)→做空

---

① 库存+基差+利润交易逻辑是本书的一个重点,这里先简单介绍一下,在本书后面的章节中会有更加详细的介绍。

永远需要记住的一点就是，赔率是客观的，胜率是我们主观判断的，无论你用什么方法，在我看来，胜率都是主观的，所谓的合理的逻辑推演也是主观的。主观的东西，都是概率，既然是概率，就存在尾部风险。

表面上看，基于库存+基差的逻辑去交易已经非常好了，高赔率+高胜率，但实际上在交易过程中，我发现我认为的高胜率，有时候并不高，后来我发现，关于胜率的判断，用库存一个指标是不够的，后来我又加入了利润这个指标。

当库存和利润两个指标共振的时候，我们去做单边；当库存和利润矛盾的时候，我们去做对冲，如图5-10所示。

深贴水(高赔率)+低库存+低利润(高胜率)→做多

高升水(高赔率)+高库存+高利润(高胜率)→做空

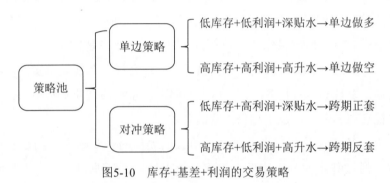

图5-10　库存+基差+利润的交易策略

所以，你会发现，交易的核心是围绕着赔率和胜率展开的，寻找相关的指标，同时区分哪些是主观的，哪些是客观的，坚持客观的东西，然后再去看主观的东西。

其实，我经常提到的两个交易思路都是遵循客观为主、主观为辅的思想：

(1) 库存+基差+利润；

(2) 期限结构+库存/仓单验证[①]。

3.现实与预期

在我看来，当下现实是客观的，未来预期是主观的。客观的东西永远比主观的东西可靠。所以，我一直认为，追求主观胜率的交易者不如追求客观赔率的交易者，当然炒单和高频交易者可能并不同意我的观点；做主观预期的交易者不如

---

① 期限结构+库存/仓单验证的交易逻辑也是本书的一个重点，这里不做展开介绍，本书后面的章节中会详细地介绍。

做客观现实的交易者。

我关注永安这个席位很久了，我发现它的交易模式是：第一，顺基差交易或者顺期限结构交易；第二，注重当下客观；第三，注重持仓平衡。

back结构下的品种，常规思路是做多具有赔率优势，但是很多人放弃赔率优势，选择去做空，因为按照他们的逻辑推演，未来价格是要下跌的。但问题是你这个主观判断的胜率长期均值是多少呢？假设你判断胜率是80%，按照上面的例子，逆基差交易，给你1∶4的赔率，我可以肯定地告诉你，按这个赔率和盈亏比，你照样会亏钱。

为什么会这样？因为期限结构近月的一端反映的是现实，远月的一端反映的是预期。客观的期限结构和基差给了你实实在在的赔率优势，你放弃了，你选择相信自己的判断，逆期限结构和基差去做预期，做你主观的判断。

但问题是，期货贴水的幅度是否已经把你的主观预期price in[①]了？或者price in多少？我相信很多人难以去量化出来。或许你的主观判断没错，但问题是盘面的贴水已经把你的逻辑price in了，而你却不知道。

所以，我的建议是，你可以有主观预期，无论是需求端悲观的预期，还是供应端产能投放的预期，在back结构下如果你要做空，需要注意两点：

第一，基差修复或者back结构走平，这个时候你做空的赔率在上升，做多的赔率在下降，如果你主观上认为自己判断的胜率较高，你可以去做空，也就是我常说的，黑色系价格高位，期现接近平水，大胆做空。

第二，你预期未来会下跌，但有句话说，不见兔子不撒鹰，在back结构下，你只有实实在在看到现货崩盘了，你再去做空，而不是主观判断未来要跌，期货贴水很大，现货没动，你就杀进去了。

此外，如果你自认为判断胜率非常高，达到了95%甚至99%，在期货深贴水的情况下，你可以去做空。但是用塔勒布[②]的观点来看，做胜率的交易具有脆弱性，做赔率的交易具有反脆弱性。

另外，如果说永安席位背后代表的是smart money(聪明钱)，你会发现，他们的交易是多么务实，多么注重当下或者说眼前的供需平衡表，未来的预期过于主观，谁能说得准呢，这里面存在太多的变数。

---

① price in是指价格已经把潜在的消息提前反映出来了。
② 纳西姆·尼古拉斯·塔勒布，畅销书作家，著有《黑天鹅》《反脆弱》《非对称风险》《随机漫步的傻瓜》《随机生存的智慧》等经典著作。

对于smart money来说，做的就是当下的供需平衡表，至于基于预期推理出来的未来供需平衡表，傻瓜才去做呢，因为在未来预期被逐步验证的过程中，smart money有足够的时间去调整头寸，再次变为依据当下客观的现实去配置头寸。

大多数散户交易者，分不清楚期货市场中哪些消息是真实的，哪些消息是虚假的，容易被各种所谓的预期给忽悠。务实一些，关注当下，把握你能把握住的东西，然后利用你无法把握或者主观的东西。

最后，再次强调一下客观和主观的区分：

- 赔率(客观)与胜率(主观)
- 现实(客观)与预期(主观)
- 顺基差(客观)与逆基差(主观)
- 顺期限结构(客观)与逆期限结构(主观)

另外，我并不是说总是按照客观来做，不去做主观，因为主观的东西随着时间可能变成客观，但是做主观的时候要不见兔子不撒鹰，逆基差交易时，你要看到现货崩盘才去做；逆期限结构交易时，你要看到期限结构斜率发生变化时才去做；在做主观交易时，尽量在赔率上升的时候做，不要在赔率太低的时候做。

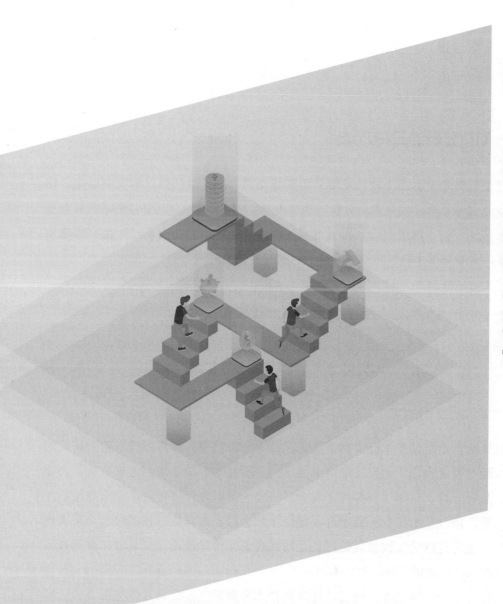

# 第6章 驱动力与信号验证

## 6.1 期货分析的三种方法

对于交易者而言,无论是从事单边期货交易,还是总结自己的交易框架,都需要经过三种分析过程:理论分析、逻辑分析、实证分析,如图6-1所示。只有不断地去完善理论、理清逻辑,再通过事实进行验证,我们在交易时才会有所进步和提高,交易久了才能够总结出适合自己的交易框架。

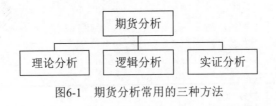

图6-1 期货分析常用的三种方法

**1. 理论分析**

我认为无论是做基本面交易,还是做技术分析交易,都离不开理论分析。对于基本面交易者来说,如果采取自上而下的分析方法,需要用到宏观分析、产业分析、品种分析,需要用到各种宏观的经济理论、微观经济理论、供求理论、库存周期等,所以基本面分析离不开各种经济和金融相关理论。技术分析交易者也不例外,无论是缠论、波浪理论,还是均线理论、价量理论,交易者在进行技术分析的时候,都遵循了各自的技术理论。

所以,无论是做基本面研究,还是做技术分析研究,交易者首先要具备一定的理论基础。大多数交易者常犯的一个错误就是,自己对其交易方法背后的原理或理论根本就不了解,就盲目使用了。只有对基本的理论了解并认可,你才能在交易中更好地将这种理论与实际相结合,否则很难灵活运用。所以,交易者需要加强基本理论分析，从相关理论方面去充实和提高自己，而这恰恰是许多交易者所忽略的，由于急于赚快钱，会尝试各种方法，也不去研究方法本身，这是不可取的。

2. 逻辑分析

只有理论还不够，还必须具备逻辑分析能力，简单来说就是根据已经掌握的理论，结合当下的客观数据或现象进行合理的逻辑推演，否则只有理论，缺乏逻辑分析能力，同样无法做好期货分析，更别提期货交易。

当我们在阅读期货公司的研报时，总是会被各种数据和图表搞得眼花缭乱，但逻辑分析不仅仅是列举各种现象、数据或者图表，关键是要理解这些数据以及图表背后的因果关系，通过数据得到原因，根据原因以及你所挖掘的因果关系来合理推演预期的结果，这才是逻辑分析。

当然，技术分析也是如此，很多时候技术分析的理论看似很美好，但是在实战交易过程中，想要运用好也是非常困难的，因为盘面比理论更加复杂，想要做好盘面的技术分析，首先技术分析的理论需要非常扎实，其次对盘面的解读需要有非常强的逻辑，能够对趋势、关键位置、相关的信号、止损位置、胜率、盈亏比等都有较为清晰的逻辑分析。

3. 实证分析

最后，无论是基本面分析还是技术分析，都需要经过实证检验，尤其是在你想要总结出自己固定的交易框架时，更需要用实证来检验。科学的本质在于可证伪性，科学的交易方法同样如此，如果你的交易框架不能被证实或者证伪，那么这种交易方法本身就是不科学的。

交易本身就是概率游戏，如果有一些所谓的必胜法，无论怎样都没有办法证伪，这种交易方法基本上都是骗人的。科学的交易方法，对错分明，交易中对错很正常，需要总结成功的经验和失败的教训，然后不断去完善自己对理论的理解，去修正自己的逻辑，然后才能有所提高。

所以，无论是我们总结自己的交易框架，或者是我们对于单次行情进行分析，最终结果都要有清晰的结论，最终可以被证实或者被证伪。因此，我希望交易者在期货交易过程中，能够运用好这三种基本的分析手段：理论分析、逻辑分析和实证分析。

此外，在交易过程中，我们经常会遇到各种意外事件，对于事件分析要做到三点：定性分析、定量分析和历史回顾，如图6-2所示。

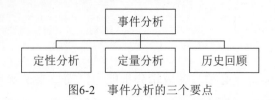

图6-2　事件分析的三个要点

定性分析就是要能够判断出此次事件对价格的影响是利多还是利空，这需要依赖一定的理论分析和逻辑分析。对事件定性是基本的要求，如果事件定性错误，那么之后所做的努力都是白费的。

虽然定性分析很重要，但也有很多人认为对事件进行定性分析没有意义，对事件进行定量分析才有价值。例如，当发生了某个事件时，从定性的角度来说，给价格带来利空，但是对价格影响有多大呢？因为此次事件的影响，某种商品价格已经跌了300元/吨，那么价格的下跌是否已经反映了事件的利空影响呢？

定性分析显然无法解决这个问题，而交易者这个时候也无法确定是应该继续做空，还是应该逢低做多。相反，定量分析能够解决这个问题，通过定量分析，你可能得出此次事件对价格的影响是200元/吨，现在超跌了，那么你可能就会选择做多；也有可能通过定量分析，你认为此次事件对价格的影响是600元/吨，现在才跌了300元/吨，那么你可能选择继续做空，如图6-3所示。

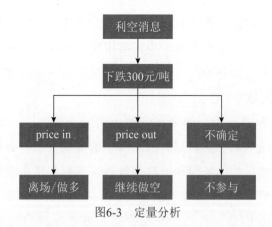

图6-3　定量分析

除此之外，我们还可以回顾历史事件，看一下历史上发生类似的事件时，对价格的影响是利多还是利空，从定量的角度去看一下对价格影响的量是多少。再将此次事件与历史事件进行对比，得出合理的判断。所谓的历史回顾，本质上就类似于上述所说的实证分析。

所以分析的基本思路就是理论分析、逻辑分析和实证分析，然后从交易的角度来说，可以分为定性分析、定量分析与历史回顾。掌握这几种分析方法与分析思路，基本上可以让你拥有一个独立的思想，从而不至于被市场上的虚假消息所迷惑，也不至于被一些水平参差不齐的研报所蒙骗。

## 6.2 驱动力与信号验证的理念

在期货交易中，我们需要占据客观优势，即赔率上的优势，同时我们也需要通过主观判断来提高交易的胜率。无论我们用什么方法去判断胜率，其结果都是一个概率。对于基本面交易者来说，我们经常听到的一句话就是：大胆假设、小心求证。根据相关的理论、逻辑与数据，合理推演未来商品基本面可能会发生的情况。

为了充分利用数据与逻辑推理，我们需要找到验证我们逻辑的核心驱动力，以及支撑这种驱动力的相关指标。因此，基本面分析的基本方法是：通过逻辑推理，找到核心的驱动力，同时利用相关指标进行验证，对我们的逻辑进行证实或者证伪。

其实，一个好的分析报告，不仅要让自己明白前提条件是什么、逻辑推演是什么以及最终的结论是什么，更重要的是要让自己知道验证前提是什么。只有在你的前提条件得到验证的基础上，你的逻辑推演才是合理的，如果你的前提条件都被证伪了，那么你的交易逻辑也就不合理了。

例如，我们想要做多期货还是做空期货，核心的就是需要判断未来现货价格是上涨还是下跌，因此驱动力是判断未来现货价格的变化。判断的基本逻辑是供求决定价格，供求相互作用的结果体现在库存上，库存较高，我们可以理解为供过于求，库存较低，我们可以理解为供不应求。所以，我们找到了验证驱动力的一个信号，那就是库存。

然后，我们继续进行推理，比库存更早一些的信号是什么，显然是供给和需求。那么供给和需求又取决于什么呢？答案是利润。对于生产者而言，在高利润的驱使下，短期会加大生产的开工率，长期则可能会选择扩大产能，而产量等于有效产能与开工率共同的乘积，所以上游生产利润、加工利润或者进口利润较高时，都会导致供应增加，所以供应可以作为库存的一个验证指标，而上游利润又可以作为供应的一个验证指标。

同样的道理，对于下游企业来说，在高利润的驱使下，短期也会加大生产的开工率，长期有可能存在产能投放的预期，从而导致下游的产量增加，下游增产会增加对上游的需求。所以需求也是库存的一个验证指标，而下游利润又可以作为需求的一个验证指标。

这样一来，我们就可以打造一个完整的逻辑闭环，如图6-4所示，同时具有明确的观察信号，我们只需要观察和验证这些信号，从而来对我们的逻辑进行证实或者证伪：利润→开工率和产能→供给和需求→库存→现货价格→期货交易。

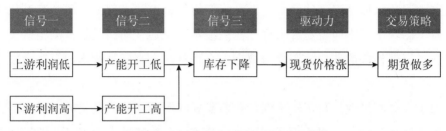

图6-4 驱动力与信号验证的交易逻辑

对于任何一个行业、任何一个品种，都可以按照上述逻辑去进行分析，只是不同产业的指标可能存在一些差别，但本质上都是一样的。所以，我们在分析时需要采取逆向思维，先找到核心的驱动力，然后再去寻找验证驱动力的各种前置指标，同时我们根据最终的数据来验证我们的指标，同时判断我们的逻辑是否得到验证。

## 6.3 先存疑后验证的信息解读方式

期货市场与股票市场有些不同，可能期货市场上并没有那么多内幕消息，所以在信息的获取上，对所有交易者相对公平一些，只是在获得信息的时效性上稍微有一些差别，这也是没有办法的，毕竟大机构确实在信息获取上比散户有一些优势，但好在不会存在机构知道而散户不知道的信息。当你在期货市场中交易久了，你会发现，这个市场最可怕的不是你不知道信息，而是信息泛滥。

期货市场上存在太多信息，这些信息很多是虚假信息，有的是把历史信息当作最新信息来发布，有的甚至是无中生有的信息。所以对于交易者来说，不再急需寻找各种信息，最重要的是学会识别和分析信息，对信息进行过滤。很多交易者对市场出现的信息不进行任何思考和求证，就盲目当作真实的消息，从而仓促地做出了交易决策，这样的交易者大概就是市场中所谓的"韭菜"。

当市场中出现了某种信息或某些数据时，在我们未求证之前，务必保持怀疑态度。求证的方式有两种，一种是交叉验证，一种是逻辑验证，如图6-5所示。所谓交叉验证是指，寻找不同的信息发布来源对数据或信息进行交叉验证，看一下不同信息发布源的信息是否相互矛盾。

例如，我们想了解一下黑色系钢材的库存情况，突然我的钢铁网给出了一个数据，我们不能不假思索地就以这个数据为准去做交易决策，我们要做的第一件事情就是进行数据求证，我们可以比较一下西本新干线、银谷网、找钢指数、唐宋钢铁等同类型平台发布的该数据，看一下数据或信息是相互验证的还是相互矛盾的。

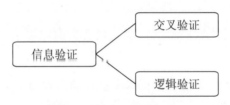

图6-5　信息验证的两种方式

求证的另一种方式是逻辑验证，有时候对于某个信息或者数据，我们可能没有其他信息来源进行对比，这个时候我们可以运用逻辑分析去思考一下，这个信息或者数据是否可靠。可以参考时寒冰先生的利益分析法，首先分析一下主要的利益主体有哪些，然后分析一下各个利益主体的诉求是什么，再次分析一下各个利益主体实现其利益的渠道有哪些，最后分析一下利益主体中趋势左右者的成本和收益，从而得出相应的结论。

当然，对于我们没有办法去进行交叉验证或逻辑验证的信息和数据，我们尽量回避，继续保持怀疑，不参与这类行情。

除此之外，我们对市场信息的解读往往分为两种方式，一种是定性分析，另一种是定量分析。定性分析比较容易理解，就是分析某个消息对价格的影响是利多还是利空，只要懂得相应的经济学常识一般都能够做出合理判断，因为这类消息无非是影响供应端或者需求端，根据供求对价格影响的规律比较好判断信息对价格的影响。

但是定性分析最大的问题在于，市场中的信息往往并不是孤立的，有时候可能多个信息同时发生，而这些信息有利多的因素，也有利空的因素，这个时候哪个因素对市场的影响更大，这是大多数分析者比较难以判断的问题，也是定性分析的难点。在交易中，定性分析如果错了，那么整个交易方向都会做反了。

然而，仅仅对信息进行定性分析，往往难以发挥信息的价值，甚至一些交易者认为没有定量分析的信息是没有任何价值的。因为，比如市场上发生了某个利空消息，结果导致相关期货品种的价格下跌了100元/吨，那么问题来了，现在是入场做多，还是入场做空。换句话说，市场下跌了100元/吨之后，是否已经把这个利空消息price in了。这就是定量分析需要解决的问题。

如果我们通过定量分析发现，这个消息应该导致价格下跌300元/吨，结果现在只下跌了100元/吨，此时我们可以继续入场做空；相反，如果我们通过定量分析，发现这个消息应该导致价格下跌50元/吨，结果现在却下跌了100元/吨，此时你可能会考虑入场做多。

但是，定量分析是比较困难的，还是接着上面的思路，通过计量经济学的方法，就是构造一个$p=f(A，B，C，D，E，F)$的函数，假设其中的变量$D$就是某个国际政治事件的影响，通过复杂的计量模型进行回归分析，得到价格$p$与$D$之间的关系，有一个系数。

在其他条件不变的情况下，$D$的变化对$p$的影响就是这个系数，但问题是，每次发生相同的政治事件时，其他的变量$A$、$B$、$C$、$E$、$F$都和之前的不一样，所以没办法保证"在其他条件不变的情况下"，即控制变量法的思维在复杂的现实社会中几乎不可能实现，所以通过这个思路来企图量化某个政治事件对价格的影响，实在是难上加难。计量经济学中有一种方法叫作event study，专门进行事件研究，这种作为理论研究是可以的，但是作为现实应用，难度较大。

此外，定量分析还有一种更加简单的方法，不走计量的思路，而是走传统的微观经济学思路。

举个简单的例子，例如伊朗封锁霍尔木兹海峡，预期在6月份封锁15天，首先，你要做一个全球原油的月度平衡表，了解原油的6月全球供需情况，然后计算霍尔木兹海峡每天油轮运输原油的量，15天封锁影响多少桶原油的供应，然后计算原油的供给弹性是多少，根据减少的供应量以及供给弹性来预测原油价格的变化。

当然，伊朗这边封锁了，其他地方可能增产，所以你还需要对你预期的平衡表进行事后的修正。这是利用供需平衡与弹性来分析发生供应或需求缺口的情况下价格的变化。

对于交易中的一些问题，要么你想尽一切办法弄懂它，然后利用它，要么你想尽一切办法规避它。如果你对它感兴趣，并且你认为你可以搞懂它，那你就投入时间和精力不断去研究它，在研究的过程中，你也会感到快乐。如果你对它不感兴趣，或者认为你没办法搞懂它，那你就想尽一切办法规避它给你的交易带来的影响。

了解一个品种，要去研究它的过去，了解它的现在，分析它的未来。在研究的时候，不能够天马行空，要有依据，所以最好要有理论分析，然后是逻辑分析，因为你是做交易的，不是搞研究的，所以最后还要搞实证分析，拿着行情来复盘一下。关于商品基本面的研究，我个人有两点小小的建议：

研究过去→了解现在→分析未来

理论分析→逻辑分析→实证分析

# 第7章 基于『库存+基差+利润』的交易逻辑

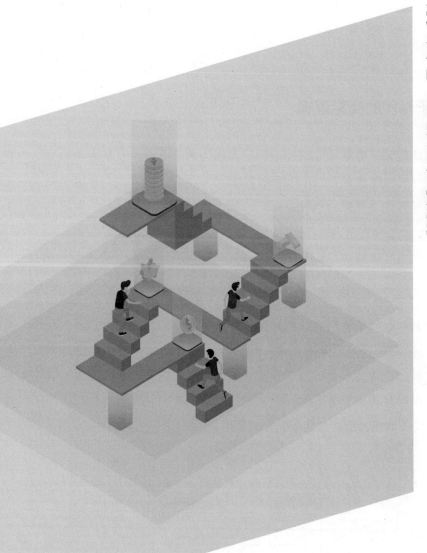

## 7.1 基于基差的交易逻辑

基差是期货交易者最关心的一个指标，因为通过基差，交易者可以知道现货价格和期货价格哪个更高。交易的本质就是低买高卖，所以当期货价格高于现货价格，即期货升水的时候，选择做空是比较不错的选择；相反，当期货价格低于现货价格时，即期货贴水的时候，选择做多是比较不错的选择。

所以，单纯从基差一个角度去寻找交易策略，我们可以得到如下的结论：

期货升水→做空为宜

期货贴水→做多为宜

正如我们在前面所介绍的，顺基差交易可以给我们提供客观的赔率优势，如图7-1所示。但问题是，基差不代表一切，并不代表期货升水，价格就不会上涨了，期货贴水，价格就不会下跌了。因为影响价格的因素有很多，基差只是帮我们找到一个相对有利的交易方向，它并不能够确保我们较高的交易胜率，所以我们还需要寻找其他相关指标与基差配合来使用。

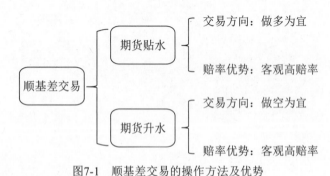

图7-1 顺基差交易的操作方法及优势

例如，当市场预期较为乐观的时候，即使期货升水，也会出现期货引领现货价格上涨的情况，如2017年的橡胶期货，一直是期货升水现货，结果是期货价格上涨把升水幅度拉大,如图7-2所示。然后现货跟涨,进行基差修复,所以这种情况下单纯依靠基差来做空,显然会遭受巨大的损失。

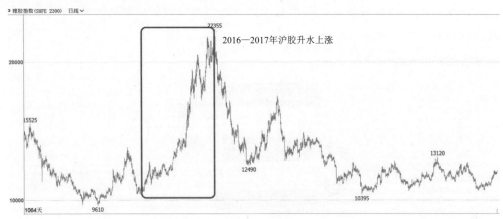

图7-2　2016—2017年沪胶主力升水上涨

再比如,当市场预期较为悲观的时候,即使期货贴水,也会出现期货引领现货价格下跌的情况,例如2018年的螺纹钢期货,一直是期货贴水现货。当时RB1801合约追随现货上涨,最终发生了逼仓行情,而RB1805合约并不跟涨,反而下跌,结果期货价格下跌把贴水幅度拉大,然后现货跟跌,进行基差修复,如图7-3所示。所以这种情况下单纯依靠基差来做多,也会遭受巨大的损失。

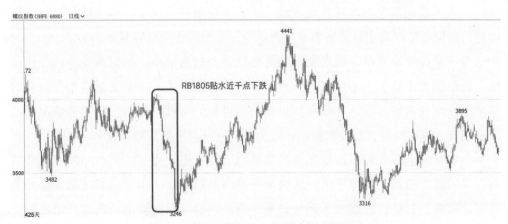

图7-3　螺纹钢期货贴水情况下的大幅下跌

显然,单纯依靠基差一个指标做交易决策,并不是十分有效,我们还需要增加其他重要的指标,与之配合使用,根据个人的交易经验,我认为库存和利润这两个信号再结合基差做出交易决策,胜率往往比较高,盈亏比也十分理想。

## 7.2 基于"库存+基差"的交易逻辑

当期货深度贴水的时候,未来基差修复的方向有两种可能,一种是期货上涨向现货修复,另一种是现货下跌向期货进行修复,如图7-4所示。所以我们需要做的事情是判断基差的修复方向。

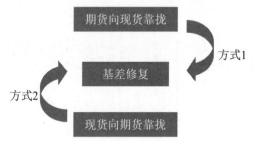

图7-4 基差修复的两种方式

由于期货不仅具有商品属性,同时具有金融属性,很难直接判断出来期货价格的变动,所以我们选择研究现货价格的变动,根据现货价格未来变动的情况以及基差修复的要求,倒推出来未来期货价格变化的方向。

商品现货的价格由供求关系决定,供不应求则价格上涨,供过于求则价格下跌,所以我们还需要判断商品的供求关系。供求关系相互作用的结果体现在库存上,供大于求的情况下,库存通常较高,供不应求的情况下,库存通常较低。所以我们发现低库存则现货价格容易上涨,高库存则现货价格容易下跌。

当期货深度贴水时,说明期货的价格低于现货的价格;如果商品的库存比较低,说明现货市场上供不应求,未来现货价格易涨难跌;由于交割时基差修复的需要,最终期货价格应该等于现货价格,所以我们可以推测出,在这种情况下,未来期货上涨、向现货修复的概率比较大,同时具有不错的赔率优势。

当期货高度升水时,说明期货的价格高于现货的价格;如果商品的库存比较高,说明现货市场上供过于求,未来现货价格易跌难涨;由于交割时基差修复的需要,最终期货价格应该等于现货价格,所以我们可以推测出,在这种情况下,未来期货下跌向现货修复的概率比较大,同时具有不错的赔率优势。

所以从库存和基差两个角度来讲,我们可以得到这样一个基本的策略(见图7-5):

低库存+深贴水→逢低做多

高库存+高升水→逢高做空

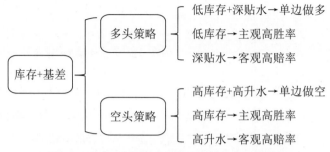

图7-5 库存+基差交易逻辑的胜率及赔率优势

## 7.3 基于"库存+基差+利润"的交易方法

然而，上述的两个策略并不能够保证让你永远赚钱，因为市场上经常出现期货深度贴水，而且现货低库存，结果期货和现货大幅下跌的情况。出现这种情况的根本原因在于，现货的高利润不可持续，市场预期现货见顶，所以在低库存且深贴水的情况下，期货引领现货下跌。

市场上经常出现期货大幅升水，而且现货高库存，结果期货和现货大幅上涨的情况。出现这种情况的根本原因在于，现货利润较低甚至亏损，低利润和亏损是不可持续的，市场预期现货价格见底，所以在高库存且高升水的情况下，期货引领现货上涨。

为了让上述的策略更加完备，我们还需要引入一个利润指标来辅助判断，从"库存+基差+利润"三个角度来说，我们可以进一步优化上述两个策略：

低库存+深贴水+低利润→逢低做多

高库存+高升水+高利润→逢高做空

当库存、基差和利润三个指标同时满足我们的条件时，我们的策略就是单边做多或者单边做空，如图7-6所示。但是，你会发现，有时候三个指标之间互相矛盾，这个时候我们需要调整策略，从单边改为跨期套利。

如果说期货深度贴水，而且现货低库存，但是现货高利润，在这种情况下，从库存角度倾向于做多，从利润角度倾向于做空，库存和利润两个判断胜率的指标矛盾，这时候如果采取单边策略去参与行情的话，往往会遭遇价格的剧烈波动，频繁止损，所以这种情况下可以将单边做多策略改为跨期正套①。

---

① 跨期正套，简称正套，即做多近月合约，同时做空远月合约。在后面的章节中，我们会详细介绍关于套利的相关内容。

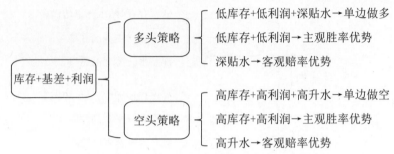

图7-6 库存+基差+利润交易策略的胜率及赔率优势

正套的逻辑是这样的,近月做现货逻辑,远月做预期逻辑,近月合约面临基差修复的要求,所以基差修复是主要矛盾,远月合约由于暂时没有基差修复的要求,所以预期作用是主要矛盾。当现实和预期矛盾越来越大的时候,这种方向市场上的正套价差会越拉越大,风险小于单边,收益有可能比单边策略还要高。

例如,RB[①]1801和RB1805合约的跨期正套,当时价格结构是:现货价格高于RB1801,RB1801的价格高于RB1805;从库存角度来讲,处于历史同期较低水平;但是从利润角度来讲,现货处于高利润状态,即低库存+深贴水+高利润的组合。当时近月RB1801合约跟随现货上涨,体现了现货逻辑,而远月RB1805合约预期悲观下跌,体现了预期逻辑,结果RB1801-RB1805价差大幅走高,如图7-7所示。

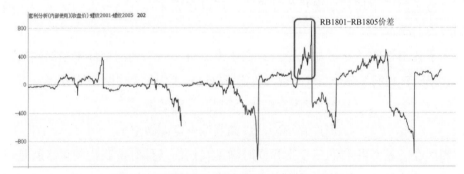

图7-7 螺纹钢1801-螺纹钢1805价差的历史走势

相反,如果期货高度升水,而且现货高库存,但是现货利润很低甚至亏损,在这种情况下,从库存角度倾向于做空,从利润角度倾向于做多,库存和利润两个判断胜率的指标矛盾,这时候如果采取单边策略去参与行情的话,往往也会遭遇价格的剧烈波动,频繁止损,所以这种情况下可以把单边做空策略改为跨期反套[②]。

---

① RB,交易代码,表示螺纹钢。
② 跨期反套,简称反套,即做空近月合约,同时做多远月合约。在本书后面的章节中,会有更加详细的介绍。

反套的逻辑和上面正套的逻辑类似，近月合约核心矛盾是基差修复，远月合约的核心矛盾是预期作用。这种跨期策略同样是风险小于单边，收益有可能比单边还要高。库存+基差+利润交易逻辑的策略分类如图7-8所示。

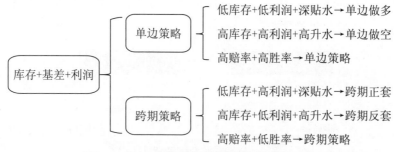

图7-8 库存+基差+利润交易逻辑的策略分类

所以，当库存指标和利润指标发生矛盾时，为了降低交易中的风险，我们需要对交易策略进行调整，将单边交易策略改为跨期交易策略：

低库存+深贴水+高利润→跨期正套

高库存+高升水+低利润→跨期反套

## 7.4 "库存+基差+利润"交易逻辑的注意事项

1. 基差的升贴水转换

基差不仅仅只有基差修复一个特点，基差还会发生升贴水转换，基差本身是市场对基本面的认可程度，当基差发生升贴水转换之后，往往意味着整个市场结构发生了重大变化，所以基差也是市场行情的一个领先指标。

比如，当某个商品处于正向市场[①]的结构当中，这是典型的现货熊市特征，说明当下供需宽松，基本面比较差，所以期货升水于现货是正常的，近月合约的价格高于现货的价格，远月合约的价格高于近月合约的价格，此时，基差为负数，基差较弱。

当你发现各个合约的基差从负值开始变为正值，这意味着市场结构从正向市场变为反向市场，这是典型的现货牛市特征，说明当下供需开始逐渐偏紧，基本

---

① 正向市场，即现货价格低于期货价格，近月合约价格低于远月合约价格，表现出来的期限结构是contango结构。正向市场和contango结构是一个意思。

面开始好转,所以期货贴水于现货是正常的。

市场各个合约都发生了基差的升贴水转换,往往意味着市场进行了牛熊转换,如图7-9所示。当价格处于相对高位或者低位时,如果发生了基差的升贴水转换或者期限结构的转变,往往意味着现货市场的供需基本面发生了变化,这也暗示了市场有可能发生牛熊转换。

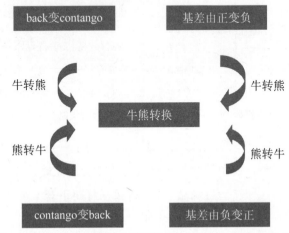

图7-9 基差升贴水转换或者期限结构转换与牛熊转换的关系

反向市场[①]是典型的牛市特征,在牛市的情况下,适合买入做多,通常情况下会出现较为激烈的上涨,即使你买入的近月合约没有出现大幅上涨也没关系,你可以选择移仓到下一个主力合约,由于远月合约价格更低,所以你不会有任何移仓损失。

相反,当你发现各个合约的基差从正值开始变为负值,而且近月合约基差的绝对值小于远月合约基差的绝对值时,这意味着市场结构从反向市场变为正向市场,这是典型的熊市特征,说明当下基本面变差,所以期货升水于现货是正常的。

通常在熊市状况下,适合卖出做空,当市场由牛市变为熊市时一般会出现较为激烈的下跌。如果你卖出的近月合约没有出现大幅下跌,你再移仓到下一个主力合约时,由于远月合约价格更高,虽然你有了一个更好的做空价格,但是你会遭受一定的移仓损失。所以在这种情况下,不建议采取长期持有然后滚动换月的操作方式,尤其是对于换月成本比较高的品种。

所以你会发现,基差不仅可以给你提供参与基差修复行情的机会以及配套的

---

① 反向市场,即现货价格高于期货价格,近月合约价格高于远月合约价格,表现出来的期限结构是back结构。反向市场和back结构是一个意思。

策略，它还可以给你指示市场的牛熊结构，在牛市的情况下，你可以采取长期持有做多的策略。当然，我在这里并没有详细介绍库存和利润的变化情况，其实随着基差发生了升贴水转换之后，库存和利润必定也会发生相应的变化，因为基本面的情况已经发生了变化。

以负基差向正基差转换为例，负基差通常对应的是现货高库存，利润较差，现货市场供需宽松。当负基差逐步向正基差转换时，通常会对应着库存从高位开始去化，利润从低位开始修复，现货市场成交开始回暖，如图7-10所示。

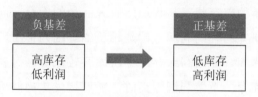

图7-10　基差变化与库存和利润变化的关系

### 2. 季节性与上下游问题

关于"库存+基差+利润"交易逻辑，还有一个需要注意的方面就是季节性问题。例如，我们在比较库存高低时，有两种比较方式，一种是观察库存同比的变化，另一种是观察库存环比的变化。

但一些商品往往存在季节性问题，有的是因为供应端产量有明显的淡旺季之分，有的是因为需求端消费量有明显的淡旺季之分，从而导致商品的库存存在某种季节性规律，最终在价格上得以体现。

因此，我们在比较库存或者利润数据时，如果选择环比的话，那么就会存在季节性问题。所以我们在使用库存和利润这类指标时，往往选择根据同比来判断高低，根据环比来判断趋势，如图7-11所示。

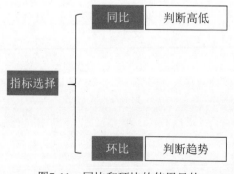

图7-11　同比和环比的使用目的

此外，除了关注产业链本环节的库存、基差、利润等数据之外，我们还需要对整个产业链上下游的品种进行库存、利润等基本面数据的分析。

因为任何一个品种都不是独立存在的，它只是产业链中的一环，产业链上下游会进行库存和利润的传导。从库存角度来讲，如果下游产品库存高企，那么上游的品种可能也会慢慢出现累库的情况，从而降价销售，价格就容易走低；从利润角度来讲，如果下游的产品利润亏损严重，那么上游产品的需求受到抑制，出货不畅，就容易出现降价走量的情况，价格容易下跌。

简单来说，下游的库存状况和我们所研究品种的库存方向是一致的，下游的利润状况与我们所研究品种的利润方向是相反的。因为下游库存较高时，采购就会减少，上游就会累库，变成高库存；下游库存较低时，有补库需求，上游库存就会减少，变成低库存。下游利润较高时，能够接受更高的价格，利于上游利润的增加，可以认为上游利润处于比较低的状态；下游利润较低时，无法接受更高的价格，容易导致上游利润减少，可以认为上游利润已经处于比较高的状态。

所以不要孤立和静态地去分析任何一个商品，我们不仅要学会通过同比和环比对品种进行分析，同时也要学会从产业链上下游角度进行对比分析。

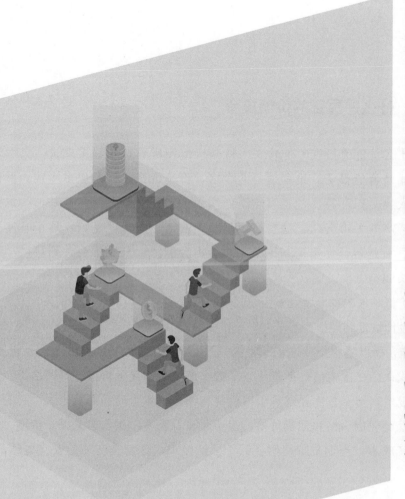

# 第8章 对商品期货如何做价值投资

## 8.1 什么是真正的价值投资

什么是价值投资？低价买入就是价值投资吗？从结果来讲，只亏时间不亏钱的才是价值投资。价和值是两个字，价是价格，值是值多少钱。价值投资的代表人物是巴菲特，他也喜欢逢低买入上市公司股票，尤其是那些价格明显低于净资产的上市公司，净资产就是公司的值，股价就是价，这个时候巴菲特和芒格只需判断一件事情，这个公司会不会倒闭，只要不会，那可以，就买入做多，长期持有。

价低于值的部分就是安全边际，然后长期持有，以时间为朋友，只要公司不倒闭，股价恢复到净资产水平，巴菲特就赚钱了，而正常情况下公司的股价应该高于净资产，所以随着公司业绩的改善，股价进一步上涨，价值投资赚得就更多。

我认为在国内商品期货比大多数上市公司都具备价值投资的潜力。既然是做价值投资，那么首先要找到价值的锚在哪里。对于商品期货来说，它的价比较简单，就是现货价格和期货价格，对于交易者来说，买入的是期货价格，它的值就是生产成本，当期货价格明显低于生产成本，这就是交易的安全边际，如图8-1所示。

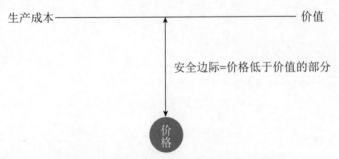

图8-1　关于商品价值与安全边际的理解

然后也是长期持有，只要你比生产商更能忍受亏损，你就是最终的胜者。当价格回到成本线时，你也会赚很多，正常情况下价格应该高于成本线，这时候你会赚更多。这和巴菲特的价值投资如出一辙。

但是商品期货和上市公司不同，商品期货每个合约都有到期日，需要在进入交割月之前进行换月，如果远月合约价格更低还好一些，简单地滚动换月就可以了，如果远月价格更高，那么每次换月都会亏一部分钱。

所以对于价格处于低位，尤其是利润亏损了的品种，如果它是back结构，可以采取这种方式做多，甚至可以定投，只要你比生产企业能够忍受亏损，只要你能控制好资金，确保不爆仓，你就一定是最后的赢家。如果它是contango结构，有对应的商品期权的话，可以采取做多期货同时买入认沽期权的方式，用期权的收益来弥补换月的损失，如图8-2所示。

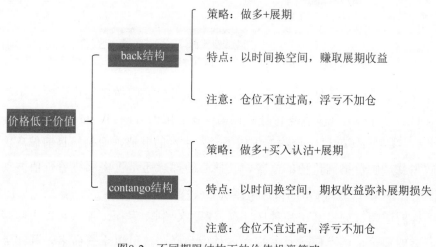

图8-2　不同期限结构下的价值投资策略

另外，能化品种不适用这个思路，因为能化品种的装置一般都会有多个产品，并不是单一产品，所以并不会因为单一品种利润亏损而停产，而是要考虑整个装置的综合利润情况，只要整个装置综合利润是赚钱的，即使单品种亏损，那么装置还会继续开工，供应还会继续增加，价格依然会受到压制。

当然，商品的价值投资和股票不同，因为商品期货每个合约都有到期日，交易者在特定日期之前必须平仓，然后旧合约退市，新合约上市。在这种情况下，价值投资可以分为两种，一种是针对单个期货合约进行价值投资，另一种是对这个品种进行价值投资。我们上面介绍的思路主要是对品种进行价值投资，接下来我们详细了解一下如何对合约和商品进行价值投资。

## 8.2 对主力合约如何做价值投资

如果你把期货当作投机来做,那么你按照技术分析去做趋势追踪交易都可以,也有技术分析做得不错的。但如果你把期货当投资来做,尤其是当作价值投资来做,你的核心理念就是价格围绕着价值在波动,你可以在期货盘面时刻看到价格,但是价值是什么你一定要搞清楚。我个人认为,成本可以理解为商品的价值,而成本有两种,一种是生产成本,另一种是仓单成本,生产成本反映了这个商品的价值,仓单成本反映了这个合约的价值,如图8-3所示。

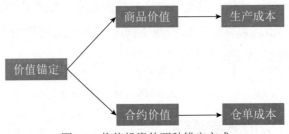

图8-3 价值投资的两种锚定方式

像我经常说的基于低库存+深贴水+低利润可以大胆做多近月合约,本质上就是做盘面期货价格与现货仓单价值的偏离。在有限的时间内,根据低库存+深贴水+低利润,我判断短期这个合约的价值不会发生大的贬值,而价格目前偏离价值较大,做多就是做价格向价值的修复,其核心的理念还是价格围绕着价值波动,只不过做基差修复行情做的是期货价格围绕着合约价值的波动。

同样的道理,如果某个品种低库存+深贴水+利润亏损,那么可以大胆做多,用傅海棠的理论,供不应求且亏损,这种商品必涨,可以重仓做多。利润亏损说明当前的价格已经偏离了商品的价值,低库存要么反映了市场供不应求,要么说明已近去库尾声,只要需求稍微一启动,价格就容易起来,至少恢复到生产成本,即价格向价值靠拢。单个期货合约的价值投资逻辑如图8-4所示。

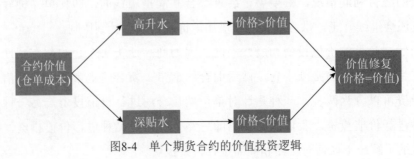

图8-4 单个期货合约的价值投资逻辑

当然，深贴水的好处就是让时间成为你的朋友，即使在你持仓的合约不涨的情况下，你可以继续移仓，不会发生移仓损失，还有可能获得移仓收益。一旦需求启动，现货走强，就是一波强势的现货带动期货上涨的行情，甚至可能持续几年。

所以，我个人强烈建议，如果要搞基本面分析，不需要过于复杂，因为市场上影响价格的变量因素实在是太多太多了，即使你把所有的变量因子都找到了，你依然无法判断价格的波动，但是你可以确定的是价值，一个是合约的价值，一个是商品的价值，而价格是围绕价值波动的。对于合约来说，这个价格围绕价值波动的周期可能较短，也就是4个月，因为主力合约一般集中在1月、5月、9月，间隔是4个月；对于商品来说，价格围绕价值波动的周期可能更长一些。

市场上大多数研报都在罗列变量，为了判断价格的波动方向，在我看来那些都不重要，真正重要的只有三点：第一，这个合约或者商品的价值究竟是多少；第二，价格与价值的偏离程度有多大；第三，这个合约或者这个商品有没有值得参与的安全边际。

我个人其实不太注重产能、产量、开工率等这些数据，这些数据往往引导预期，影响的是价格，而不一定真的会对价值产生多大的影响。以螺纹钢为例，很多人根据这些数据做空螺纹钢，表面上看是有基本面作为依据的，在我看来，它很不成体系，就是赌一个预期，其实就是在利用各种变量去猜价格会如何变化。

我认为真正的基本面交易并不是要去抓住每一次涨跌，而是要有自己的逻辑、框架和策略，你的策略不可能适用于所有行情，用行情来匹配你的策略，而不是用你的策略去试探各种行情。螺纹钢仓单价格在4200元/吨以上，期货价格在3800元/吨左右，价值是4200元/吨，价格是3800元/吨，很多人喜欢做空，他们有各种理由，不能说这些理由没有道理，这些理由确实有逻辑依据，但是这些都是零散的东西，不成体系，不能构成你的策略。

对于我来说，当价格严重低于价值时，我一般不会选择去做空。当然，这并不代表价格不会继续下跌。还以螺纹钢为例，由于每年五六月份南方雨季影响建材需求或者限产不及预期、产量增加等原因，盘面价格可能一直跌，当然现货价格也可能跟着下跌。对于这种价格下跌，可能不是上述交易策略要赚的钱。我更希望它下跌，期货从贴水400点变成贴水800点，价格与价值偏离程度更大，从而具备足够的安全边际。

与此同时，进入七八月份，距离交割月不断临近，就是一个做价格向价值修复的行情,这个是我的策略该赚的钱。所以价格涨跌与我无关,我不去试图用各种变量去判断,只是关注价格围绕价值的波动。大部分交易者都是去猜价格,而没有真正成型的策略。

当然,上面有些发散,核心的是几句话:第一,你要知道商品的两个成本,一个是生产成本,一个是仓单成本;第二,并不是所有行情都要去做,市场上有做不完的行情,并不是都参与了才能赚到钱,而是参与了恰当的行情才能赚到钱,所以行情要匹配你的策略,而不是用你的策略去匹配各种行情。

## 8.3 对单个商品如何做价值投资

需要注意的是,投资价值并不等于价值投资。还以螺纹钢为例,假设RB1901现在4000元/吨,但是由于库存处于历史低位,期货贴水400元/吨,加上环保限产政策的影响,现货十分坚挺,因此,我认为RB1901在4000元/吨这个价位上是有投资价值的,所以我选择做多RB1901,但是我这笔交易并不是价值投资。因为当下螺纹钢的价格远在成本线之上,利润相对较高,所以在这个价位上螺纹钢并不适合做价值投资。

真正的价值投资指的是,商品的价格处于成本线之下,价格处于历史较低水平,在这种情况下买入并持有才是真正的价值投资。我们继续以螺纹钢为例,当螺纹钢跌到1600元/吨的时候,企业亏损严重,你买入做多才是真正的价值投资,这与你在4000元/吨的价位上,利润相对较高时,买入做多是完全不同的。这两笔交易都是因为有投资价值才做多的,但前者是价值投资,而后者不是。

很多人自诩为价值投资交易者,但实际上他做的只是一笔笔普普通通的具有投资价值的交易而已,并非真正的价值投资。所以,如果你想做一名价值投资者,就一定要理解什么是真正的价值投资。价值投资与投资价值的区别如图8-5所示。

图8-5 价值投资不同于投资价值

或许，你之前已经理解了投资价值与价值投资的区别，于是当你发现某个商品的利润处于亏损状态，就毫不犹豫地建立多头头寸，结果亏得一塌糊涂，古往今来，低价格抄底被市场消灭的交易者不计其数，其中也不乏业内的一些资深交易者。你思考过为什么吗？

再以螺纹钢为例，假设现在螺纹钢跌到了3000元/吨，企业亏损，请问你会做多吗？如果你简单地认为，螺纹钢企业亏损，长期不可持续，于是你选择入场做多，那么你可能同样亏损非常严重，为什么？难道"长期亏损不可持续"这个常识是错误的吗？并不是！因为你现在做多并非真正的价值投资，只不过当前螺纹钢的价格进入了价值投资观察区域。

我们知道，螺纹钢的主要原料是铁矿石和焦炭，现在只是钢厂亏损，如果上游矿山和焦化厂依然有一定的利润，那么在下游亏损的情况下，上游矿山和焦化厂未来还会继续降价，一旦原材料降价，螺纹钢即使在钢厂亏损的情况下，依然还会继续下跌。所以我们不能只看单个品种的成本，而是要看整个产业链的情况。

换句话说，我们真正要关注的是商品的终极成本，所谓终极成本是指整个产业链都不赚钱的情况下，商品的成本。也就是说，当矿山、焦化厂都不赚钱甚至亏损的时候，这个时候螺纹钢的生产成本才是终极成本，如图8-6所示。

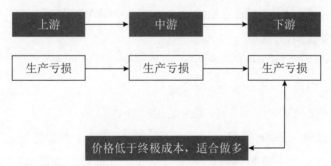

图8-6　价格跌破商品的终极成本时适合做多

当螺纹钢期货的价格低于螺纹钢的终极成本，这才具有了价值投资的机会。因为在这种情况下，整个产业链都亏损了，产业链的任何一个环节商品的价格都已经降无可降了，所以这个时候你去逢低做多，才是真正的价值投资。

如果你没有意识到这一点，而只是看到了螺纹钢这一个品种亏损，就开始做多了，那不是真正的价值投资，你往往会遭受巨大的损失。这就是很多人做价值投资依然亏钱的一个重要原因。

## 8.4 如何以定投的方式做商品期货

很多人喜欢基金定投，我个人认为，与其如此，倒不如把自己当成一个基金经理，自己进行股票或者期货的定投。以商品期货定投为例，首先假设你最初投资了1万元，基金的份额是1万份，基金的净值是1元，这个时候你发现某个商品价格跌破终极成本，你打算长期买入做多，最初资金使用率是30%。你打算每个月定投一次，定投的原则是每次定投都维持最初30%的资金使用率。

假设价格还在继续下跌，现在你的账户权益只剩下了0.9万元，基金份额保持不变，还是1万份，那么基金的净值就从1元变成了0.9元，账户的资金使用率会超过30%，假设为33%。这个时候你打算做这个月的定投，你需要确定定投的金额。定投的金额就等于买1手该商品的保证金，再除以最初的账户资金使用率30%。该商品的保证金就等于当前商品期货合约的价格乘以合约乘数再乘以保证金比例。

确定了需要定投的金额之后，我们的账户权益会发生变化，基金份额也会发生变化，但是基金净值并不会随着我们资金的增加而发生改变。所以，当我们增加了定投金额之后，我们需要对基金份额进行调整，用定投金额除以当前的基金净值，从而得到了增加的份额，再加上之前的份额就得到了总的基金份额。这里，为了方便计算，我把上面介绍的这些，列几个简单的公式：

(1) 定投金额=合约保证金/30%
(2) 合约保证金=期货合约价格×合约乘数×保证金比例
(3) 最新账户权益=当下权益+定投金额
(4) 最新基金份额=当下份额+定投金额/当下净值

你可以自己做个Excel表格，记录日期、账户权益、基金份额、基金净值，可以做个折线图，实际上就是你自己的基金定投产品曲线，如图8-7所示。当然，你还可以在这个表格中增加期货价格、持仓数量、合约乘数、保证金比例、资金使用率、定投金额，这样的话，你可以利用表格中的相关数据轻松计算出每次需要定投的金额是多少。

之所以选择定投，是因为我们认为这个商品是有价值的，凡是有价值的东西，在价格低于其价值的时候就可以选择定投。在我看来，在国内做基金定投很难去判断这个基金是被低估了还是被高估了。

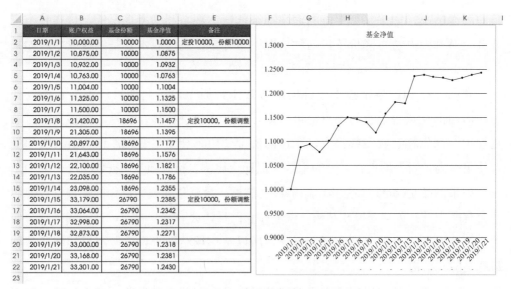

图8-7　记录账户权益、份额以及基金净值曲线

但是上市公司的价值是否被低估或高估你可以判断出来，商品期货的价值是被高估了还是被低估了你也可以判断出来。所以你要选择去找到你认为有价值并且你能够判断其价值的标的去进行定投，而不要把钱定投给那些公募基金，因为他们能做的，你同样可以做到。

我个人认为，商品是有价值的，是值得定投的。上市公司还有可能退市，风险其实比商品更高一些，当然，对上市公司进行定投也可以，但尽量避免去定投那些商誉高的、财务费用高的、业务范围乱起八糟的公司。商品的价值在哪里，我个人认为是利润率，价格的绝对高低有时候不一定准确，利润率的情况往往能说明问题。

很多人在做商品期货的时候，看到价格低了，容易进去抄底，这种情况下，商品一般供过于求，库存非常高，把价格压得很低，商品的利润率很低，甚至亏损。很多人认为长期亏损不可持续，所以就入场做多这个商品。

上述逻辑是没有问题的，但问题是任何一个产品都不是凭空造出来的，都有产业链的上下游，单纯是自己这个环节利润较差或者亏损了，并不是最佳的定投时机，因为如果上游利润比较好的话，中下游这个环节利润亏损的压力会向上传导，导致上游价格下跌，利润收窄，从而把中下游环节的利润空间打开，中下游有了利润，就依然存在价格继续下跌的可能性。

所以研究利润，不仅要注意本环节的利润情况，更重要的是要关注上游各环节的利润情况，如果整个上游利润率都很低，本环节利润率也很低，这样整个产业链上游都没办法再降价了，这种情况下本环节的生产成本才是终极成本。如果价格跌破了这个成本，是值得开始进行定投的，安全边际会高很多。

商品定投和股票定投不一样的地方在于，股票没有到期日，不需要移仓换月，而商品期货每个合约都有退市日期，所以需要进行移仓换月。在移仓换月的过程中会产生移仓收益或损失，账户的资金使用率会发生变化。移仓后的账户资金使用率为：新合约价格×合约乘数×保证金比例×持仓数量/账户权益。

如果商品是contango结构，做多移仓的话，会有移仓损失，你的账户资金使用率会有所上升；如果是back结构，做多移仓的话，会有移仓收益，你的账户资金使用率不会有所上升，甚至有可能下降。所以从市场结构来说，做定投的期货品种最好是back结构。

关于定投品种的问题，不同的商品属性是不同的，对于多年生的品种，去做定投不太合适，因为它的周期太长，可能导致你长期定投没有效果。最好去定投那种周期短的品种，减少交易的时间成本。

例如，一年生农产品，基本上都是一年一个行情，如果今年是上涨的话，基本上全年都是涨势，如果今年是跌的话，基本上全年都是跌势。但明年再种的时候，可能就是完全不一样的行情了。

相反，像橡胶、棕榈这种周期比较长的品种，一旦进入丰产周期，时间太长，你需要定投的时间也可能特别长。所以找一些周期短的农产品和工业品进行定投可能更好一些。

关于定投的频率和时机问题，这里我们假设每个月定投一次，至于是每周一次，还是每月一次，还是半月一次，取决于交易者自身的资金状况。另外，这里我们默认假设最初定投1手，根据交易者自身资金状况，也可以是5手、10手等。关于定投的时机问题，价格比上一次定投更低的情况下去定投好一些，因为需要投入的资金更少一些。

关于是否赎回的问题，基金除了可以申购，也可以赎回。很多时候，我们低位长期做多某个品种时，价格从低位反弹了起来，那你的持仓是否要平仓呢？比如下有成本支撑，上有高库存压制，在成本支撑的作用下反弹了，受到了高库存的压制，可能长期在低位震荡，当涨起来的时候，你是无视，还是先平仓呢？

这个因人而异，有的人无法容忍盈利回撤，有的人先浮盈1.2亿元，后浮亏

1500万元，最终平仓的时候盈利4.5亿元。我个人认为，在不缺资金的情况下，认为价格未来会比现在更高，那就可以继续持有，未来赚取更多的收益。

以上我们简单介绍了商品定投需要注意的几个方面，包括交易逻辑、品种选择、移仓换月、频率时机、赎回等，如图8-8所示。

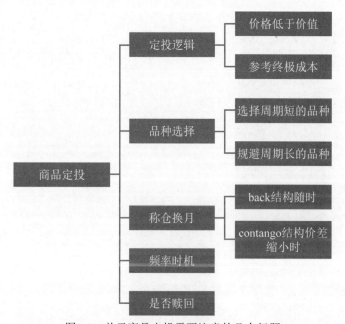

图8-8　关于商品定投需要注意的几个问题

# 第9章 基于"估值+驱动"的交易逻辑

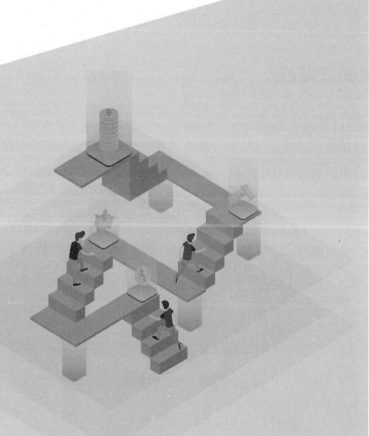

## 9.1 如何寻找估值指标

估值+驱动的投研方法主要采取二维四象的方式对商品进行分类，在这个二维四象图中，横轴是驱动，纵轴是估值。每个品种根据自身估值与驱动的情况，落入不同的象限当中，从而选择不同的交易策略。永安期货常用的估值+驱动投研框架如图9-1所示。

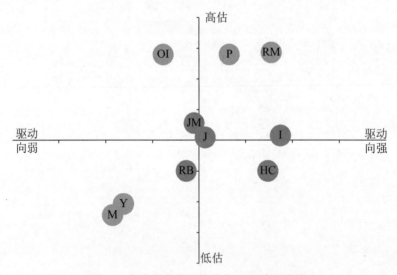

图9-1 永安期货常用的估值+驱动投研框架

如何理解估值+驱动的逻辑呢？你可以把估值想象成势能，把驱动想象成动能。我们学过物理的人都知道，一般势能高的时候，动能比较低，相反，势能低的时候，动能比较高，如果没有热量损失的话，根据能量守恒定律，动能和势能可以互相转化。

以螺纹钢为例，高利润或者高价格就是从估值角度去看，它就是势能；高产量却低库存说明需求很好,你可以把这种需求理解为动能,当动能无法转化为势能时,接下来就是势能转化为动能的过程,估值发生了变化,驱动向反方向发生了变化。

理解了估值和驱动的逻辑之后,接下来就要明白如何进行估值以及如何寻找驱动,这是这种方法的一个难点。

先来简单谈一下估值,不仅要对现货进行估值,也要对期货进行估值。对现货估值的方法有很多,有人认为高价格代表现货高估,我认为这是不可取的,随着货币超发,通货膨胀增加,高价格并不一定代表商品被高估了;也有人认为用高利润代表现货高估,我认为这个勉强可用,高利润通常代表了商品被高估了。但是从更精确的角度来讲,高利润率才是最合适的。现货估值几个常用的指标,如图9-2所示。

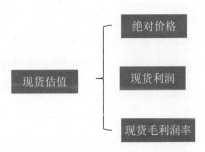

图9-2 现货估值几个常用的指标

此外,我们还需要对期货进行估值,通常情况下我们利用基差来判断期货相对于现货来说,是低估还是高估,这个也是勉强可以的,更严格来说,应该使用基差率,除了基差率之外,我们还可以计算一下盘面利润来判断期货估值的高低。这样能够把不同价位的品种合理地分配到估值+驱动的四个象限当中。期货估值几个常用指标如图9-3所示。

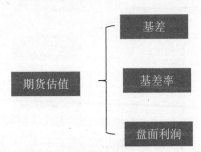

图9-3 期货估值几个常用指标

为了方便不同品种之间进行比较,通常情况下,我们可以使用利润率指标来进行绝对估值,使用基差率指标来进行相对估值。从估值角度来说,我们应该做多低估品种,做空高估品种。

## 9.2 如何构造驱动指标

再来谈一下驱动，一切的驱动因素皆源于基本面，基本面的核心是供需平衡表，而供需平衡表中最重要的一个指标是库存消费比。库存消费比较高，说明驱动向下；库存消费比较低，说明驱动向上。所以需要制定商品的月度供需平衡表，来实时追踪库存消费比的变化情况。

但是对于大多数个人交易者来说，想要自己制作商品的供需平衡表几乎是不可能的，因为他们根本没有办法获得那么多的供需、库存、进出口、消费等数据，这也是我为什么更多地介绍"库存+基差+利润"这种分析框架。另外，对于消费相对稳定的品种来说，库存基本上是可以取代库存消费比的，对于消费变化较大的品种来说，库存消费比是更加准确的指标。

当然，除了库存消费比这个指标之外，开工率也是一个非常不错的指标，企业自身高开工率对价格的驱动作用向下，企业自身低开工率对价格的驱动向上。当然，在使用开工率进行判断时，最好能够结合产能利用率，因为如果产能利用率低的话，即使开工率高也不一定会产生大量供给，驱动不一定向下；相反，如果产能利用率高的话，即使开工率低也有可能产生大量供给，驱动可能会向下。

所以，关于驱动相关的指标，我们可以从库存消费比、库存、开工率、产能利用率等相关数据中去寻找，如图9-4所示。

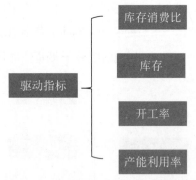

图9-4 关于驱动因素几个常用的指标

为了方便不同品种之间驱动强弱的比较，我们通常利用库存消费比这个指标对所有商品进行驱动分析，然后针对不同行业的品种，结合产业自身特点，选择开工率、产能利用率等指标辅助分析驱动作用。从驱动的角度来说，做多驱动向上的品种，做空驱动向下的品种。

## 9.3 如何量化"估值+驱动"交易逻辑

我们继续来想象一下估值+驱动的二维四象图,横轴是估值,纵轴是驱动,那么第一象限就是高估值且驱动向上的品种,第二象限就是低估值且驱动向上的品种,第三象限就是低估值且驱动向下的品种,第四象限就是高估值且驱动向下的品种。

当估值与驱动指向一致的时候,我们采取单边交易策略;当估值与驱动不一致的时候,我们采取套利或对冲交易策略。我们对不同象限的品种可以采取这样的策略搭配:

第一象限:高估值驱动向上→套利或对冲

第二象限:低估值驱动向上→单边做多

第三象限:低估值驱动向下→套利或对冲

第四象限:高估值驱动向下→单边做空

需要注意的是,对于高估值驱动向上的品种如果选择做跨期套利,通常适合做正套;对于低估值驱动向下的品种如果选择做跨期套利,通常适合做反套,尤其是结合仓单有效期的规定来做反套。

如果两个品种都落在同一个象限,在我们只能选择做一个品种的情况下,应该选哪一个呢?显然,我们只注重了分类,却没有注重量化,我们还需要给二维四象的坐标轴赋予一定的刻度,这样的话,当两个品种落在同一个象限时,我们就能够很容易做出选择。

估值分为严重低估(-3)、正常低估(-2)、略微低估(-1)、略微高估(1)、正常高估(2)、严重高估(3)这6种情况,驱动分为强烈驱动向下(-3)、正常驱动向下(-2)、略微驱动向下(-1)、略微驱动向上(1)、正常驱动向上(2)、强烈驱动向上(3)。这样一来,整个二维四象图就都有了刻度坐标,同时对估值和驱动的程度进行量化,如表9-1所示。

表9-1 估值和驱动的量化标准

| 类别 | -3 | -2 | -1 | 0 | 1 | 2 | 3 |
| --- | --- | --- | --- | --- | --- | --- | --- |
| 估值 | 非常低估 | 低估 | 略微低估 | 中性 | 略微高估 | 高估 | 非常高估 |
| 驱动 | 非常向下 | 向下 | 略微向下 | 中性 | 略微向上 | 向上 | 非常向上 |

我们在分析估值的时候使用利润率、基差率,在分析驱动的时候使用库存消费比、开工率、产能利用率,这些数值都可以进一步被量化。

以估值为例，首先我们需要对现货进行估值，使用利润率指标，针对不同的利润率情况，其在二维四象图中的取值范围是-3到3，然后我们对期货进行估值，使用基差率指标，其在二维四象中的估值范围也是-3到3。

如果我们在分析现货的绝对估值和期货的相对估值时采取等权重的方式对待的话，那么最终这个品种的估值结构就是利润率估值与基差率估值的算术平均数。一个品种从利润率角度对现货估值为2.54，从基差率角度对期货进行估值为-0.54，那么这个品种的最终估值就是(2.54-0.54)/2=1.00。

对驱动的处理方式也是如此。但是这里面有一个非常重要也是最难的一点就是，如何把一个百分比转化成象限图中对应的坐标值。可能很多人在这一步不知所措，其实很简单。

以利润率为例，你需要把这个品种历史的利润率情况做出来，形成一个利润率分布图，最差的利润率情况对应-3，最好的利润率情况对应3，然后利用数学中的插值法，对任何一个利润率你都能够得到一个准确的数字，而这个估值结果就是符合我们要求的象限图的值。

这样一来，我们就可以通过估值和驱动矩阵，将不同的品种放在同一个标准内进行比较，从中选择适合做多或者做空的品种，选择适合去做对冲的品种，每一个品种的估值和驱动指标都是可以计算出来的，并在坐标轴中对应的位置显示，如图9-5所示。

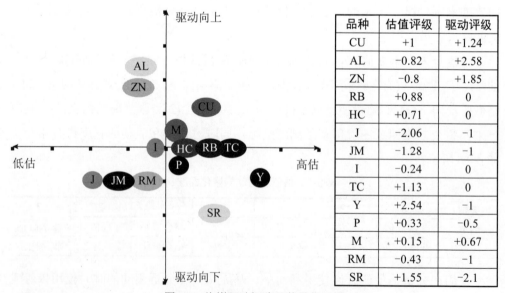

图9-5　估值驱动矩阵及其量化评级

但是这也存在一个问题,就是利润率分布图是否服从均匀分布或者正态分布,这就需要采取其他方法,例如剔除异常值,或者采用其他更加复杂的统计和计量方法。对大多数个人交易者来说,想要把"估值+驱动"这种逻辑做得非常细,难度还是比较大的。

不过没关系,我们可以根据前面介绍的库存+基差+利润交易逻辑,对这个矩阵进行简化变形,还可以把二维矩阵变成三维矩阵。

## 9.4 "估值+驱动"交易逻辑的变形

在前面的内容当中,我们简单介绍了用"库存+基差+利润"的方法进行期货交易,很多交易者可能只记住了这样的结论:

高库存+高升水+高利润→单边做空
低库存+深贴水+低利润→单边做多

当然,这里面有两个问题,第一个问题是,当库存指标和利润指标不一致时,应该怎么做?第二个问题是,如何去定义库存的高低、升贴水幅度的高低以及利润的高低?关于第一个问题,我们选择通过策略的方式去解决,不做单边,而是选择跨期套利的方式进行参与,说到这里,可能一些交易者会记得:

高库存+高升水+低利润→跨期反套
低库存+深贴水+高利润→跨期正套

显然,上面的跨期策略中,期限结构本身可以反映期货的升贴水,库存和仓单可以反映库存的高低,而我们忽略了利润的影响,由于忽略了利润因素,我们做单边的胜率可能会降低,所以我们可以通过策略变化,将单边改为跨期,用低风险的策略去进行匹配。

那么对于第二个问题,我们应该如何解决呢?我们知道不同品种在绝对价格上存在差异,所以如果用绝对数值来比较基差的话,就会失真,例如沪镍贴水100点和螺纹钢贴水100点的意义可远远不一样。所以,为了避免不同品种在价格、库存、利润绝对数值上的差异对我们的判断造成影响,我们选择使用相对数值,例如基差率、库存同比、利润率等指标。

1. 基差指标:基差率

比较不同品种的基差意义不大,例如,单纯从基差角度来看,沪镍贴水100点和螺纹钢贴水100点,两个品种贴水一样,做多哪个品种都一样,这就是绝对数值给我们造成的假象,因为镍的价格将近100 000元/吨,而螺纹钢才4000元/吨,所以按照基差率来计算的话,螺纹钢的贴水幅度远大于沪镍,做多螺纹钢会比沪镍更具安全边际。基差率的计算方法为

$$基差率=(现货价格-期货价格)/现货价格$$

在计算基差率的时候,期货价格通常使用收盘价进行计算,这个从期货行情软件比较容易获取,最大的问题在于现货价格,现货价格主要的问题在于地域价差和品质价差。关于地域价差的问题,以基准交割仓库所在地的现货价格为主,关于品质价差的问题,正常来说应该以标准品价格为主,但实际上大多数品种都存在替代品以及升贴水设置,所以建议以满足交割要求的劣质品的价格作为参考。

这样一来,品种、地区、品质等问题都解决了,只要找到一个固定的数据获取渠道,长期跟踪这个渠道得来的基差率,或许这个基差率并不准确,但是由于你一直参考这个数据,并且使用的数据具有连续性,对于交易来说,还是比较有价值的。这就是关于基差指标需要注意的几个问题,如图9-6所示。

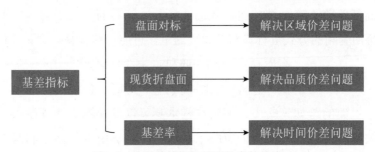

图9-6 关于基差指标需要注意的几点

### 2. 库存指标:库存同比

关于库存指标,其实有很多选择,如果你能够做出商品的月度供需平衡表的话,那么建议你使用库存消费比这个指标,但是对于大多数人来说,想把商品的供需平衡表弄清楚是比较困难的,而且需要对供需节奏有较好的把握,难度更大,所以适用于团队或者机构研究者。

对于普通交易者来说,我认为没必要去做供需平衡表,因为你不具备那么多数据以及精力。但是你可以采取其他指标进行替代,例如库存同比变化了多少。库存同比增加,与去年相比那就是在累库,说明供需驱动较弱;库存同比减少,

与去年相比那就是在去库，说明供需驱动好于去年。

另外，对于季节性不明显的品种，也可以考虑使用环比，环比其实比同比更能反映当下的库存趋势，但是由于有一些品种存在明显的供应和消费的季节性规律，会对环比指标造成影响，而同比指标不存在这个问题。这是关于库存指标需要注意的几个问题，如图9-7所示。

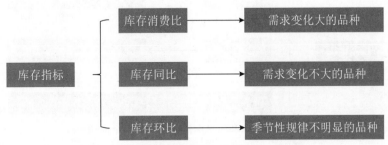

图9-7　关于库存指标需要注意的几个问题

当然，库存又分为上、中、下游库存，参考哪个库存好一些呢？如果你能够获得全部上下游库存，那么就一直跟踪总库存，例如螺纹钢的厂库+社库，如果你的数据来源不全，你可以只盯住一个环节的库存，例如社会库存或者港口库存，问题的关键未必是你的数据需要多么准确，而是你使用的数据必须具备连续性，你一直参考这个数据来源，那么这个数据就会有价值，如果你不断变化数据来源和口径，那么数据的价值就会大打折扣。

3. 利润指标：利润率

利润是任何一个行业的生命线，所以我们也要对利润这个指标予以重视。关于利润需要特别注意的是，有的品种产业链比较简单，可以考察单一利润，但是有的品种产业链稍微复杂，同时可以产生不同的产品，这个时候，就不能简单地看单一利润。

例如，能化品种，一套装置可以有很多副产品，如果你只是去看单一品种的利润，那么利润率这个指标可能会对你造成误导，所以需要看整个装置的综合利润，但是这个装置的综合利润往往无法计算，而是需要通过调研获取，所以对于能化品种，如果你要使用库存+基差+利润的交易策略，需要格外注意。

再比如压榨产业，也不是看豆粕或者豆油单个品种的利润，而是看整个大豆的压榨利润，这个时候，我们在评估利润指标时，可以认为豆粕和豆油两个品种的利润率是一样的，再去比较豆粕和豆油两个品种各自的基差率和库存同比变化。

此外,关于利润指标,除了使用利润率之外,还可以使用利润分位数来判断当下利润的高低。以上就是关于利润指标,我们需要注意的一些问题,如图9-8所示。

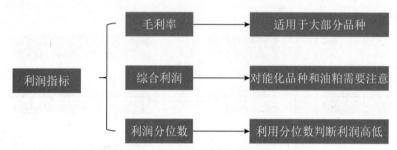

图9-8　关于利润指标需要注意的几个问题

当我们每周定期地跟踪相应商品的基差率、库存同比变化、现货利润率情况,我们就会得到一幅这样的三维气泡图,如图9-9所示。

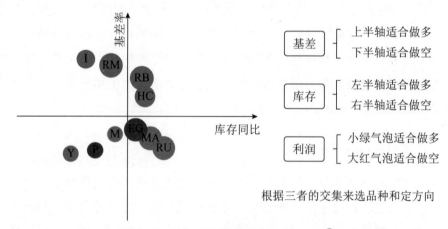

图9-9　库存+基差+利润交易逻辑可视化①

接下来,我们需要学会解读气泡图,并从中提取我们的交易策略:

(1) 上下看基差:上半部分,基差率为正,期货贴水,适合做多;下半部分,基差率为负,期货升水,适合做空。

(2) 左右看库存:左半部分,库存同比下降,同期去库,适合做多;右半部分,库存同比增加,同期累库,适合做空。

(3) 大小看利润:气泡大,利润率高,高利润不可持续,适合做空;气泡小,

---

① 图9-9中,P和EG气泡为绿色,其他气泡为红色。

利润率低,低利润不可持续,适合做多。另外,彩色气泡代表盈利,黑白气泡代表亏损。黑白气泡越大说明亏损越严重,黑白气泡越小说明亏损越少。

所以,对于高库存+高利润+高升水→单边做空,在上述的气泡图中就比较简单了。高库存,我们就去找库存同比增加的气泡,即右半部分;高利润,我们就去找彩色的大气泡;高升水,我们就去找基差率为负的气泡,即下半部分;然后我们在整个图表中取三者的交集,结果就出来了。

同样的道理,对于低库存+低利润+深贴水→单边做多,在上述气泡图中也非常简单,我们采取同样的方式去选择交集,最终结果是第二象限的品种。在第二象限的品种当中,如果一个库存同比变化较大,说明驱动非常强;一个基差率特别大,说明期货估值特别低,气泡大小差不多,说明利润率相当。这个时候该如何选择呢?从数学的角度来讲,应该选择距离原点最远的那个品种。

此外,我们不仅可以从中选择单个品种的多空方向,还可以选择对冲品种组合,例如第二象限的品种和第四象限的品种,最好是同一板块的品种,无论是宏观、利润还是其他方面都相同,唯一不同的就是基差和库存,可以作为对冲组合。

如果是能化品种,也可以从中选择对冲组合,因为这个交易模型是以产业逻辑为主的,可以对冲掉宏观因素,可以对冲掉原油因素,只留下产业因素,可以选择做多第二象限的能化品种,做空第四象限的能化品种,如果两个能化品种对原油的敏感性相当,价格波动率相当,那么就更完美了。能化品种对冲交易的逻辑如图9-10所示。所以,我们还可以利用这个气泡图组合来选择跨品种对冲的组合。

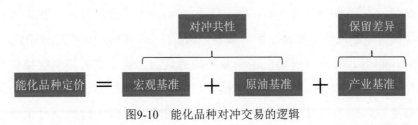

图9-10 能化品种对冲交易的逻辑

对于第一象限和第三象限的品种来说,尽量不要单边参与,而是选择跨期或者套利交易。以第一象限中的品种为例,从基差率的角度来看,HC比RB的基差率大,说明HC主力合约贴水幅度更大,比RB更满足深贴水;从气泡颜色和大小来看,RB和HC颜色相同,都是盈利的,但是RB的气泡比HC大,说明RB的利润率高于HC,所以HC比RB更满足低利润;从库存变化角度来看,RB库存同比变化不大，而HC库存同比略微增加一点，但并不明显。所以对于卷螺差而言，可能多HC空RB会比较合适一些。

也许，很多交易者会好奇，上面介绍的跨期套利的交易策略如何在图中得以体现呢？其实很简单，正套可以从第二象限中找，反套可以从第四象限中找。当某个品种基差率特别大，但是库存同比减少并不多时，即气泡特别靠近纵轴，这个时候可以考虑做正套，基差率大就是back结构，库存同比减少，就是库存验证，这就是back结构+库存验证→做正套[①]。

同样的道理，当某个品种基差率特别小，但是库存同比增加并不多，这个时候可以考虑做反套，这就是contango结构+库存验证→做反套[②]。当然，这个条件也可以放宽到第一和第三象限，但归根结底气泡要特别靠近纵轴，因为在做跨期套利的时候，近月合约主要以顺基差为主。

市场上影响价格的因素有很多，例如，消息、心理、情绪等，但是归根结底还是反映了库存、基差、利润三个终极指标，消息可能是骗人的，心理可能过度乐观或过度悲观，情绪容易受到感染，但是库存、基差、利润这些数据是不会骗人的。

对于普通散户来说，如果你一直做某个板块的5个品种左右，持续利用这个三维气泡图去跟踪，我相信这种简单的方法，比很多机构去搞那么多复杂的数据、信息、图表，写那么长的报告要有效得多，因为对于交易者来说，我们需要对数据和信息做减法，得到一个明确的交易策略。

从上面的分析过程来看，我们其实寻找了三个比较重要的指标：库存、基差、利润，更重要的是，我们在使用三个指标的时候注重平衡，当三个指标指向一致的时候，我们直接单边交易；当三个指标指向不一致的时候，我们通过修改策略，降低策略的风险来重构平衡，即我们选择跨期、跨品种对冲交易的方式。

方向、起点、终点→策略，这个是格局的问题。这个交易模型能帮你解决方向性的问题，即让你交易时有方向和策略，但这并不代表你使用这个交易策略就一定能够赚钱，因为交易中没有圣杯，也不存在常胜或者必胜的交易策略。任何交易策略都有失效的时候，只是将这种策略拉长时间周期来看，它是一种长期有效，短期或者偶尔会失效的交易策略。

---

① back结构+库存验证→做正套，这是基于期限结构+库存验证的交易逻辑，在后面的章节中会详细介绍。

② contango结构+库存验证→做反套，这也是基于期限结构+库存验证的交易逻辑，在后面的章节中会详细介绍。

价格、仓位、节奏→细节，这个是细节的问题。交易时并不是有了大格局就一定能够赚钱，细节处理不好，照样会亏钱。要想长期交易成功，关键是保持投资组合布局平衡。从策略的角度来说，我们可以选择不同的品种、交易方向以及交易策略，从细节的角度来说，我们的持仓需要注重平衡，多空总的货值相对平衡，这样抗风险能力更强一些。

除了上面提到的策略平衡、仓位平衡之外，交易和生活也需要平衡，交易只是生活的一部分，而不是生活的全部。交易需要注重的几组平衡如图9-11所示。

图9-11　交易需要注重平衡

交易需要不断地总结和反思，当你需要提炼自己的交易框架时，需要借助理论分析、逻辑分析和实证分析，这些分析方法同样适用于你的人生和生活。希望交易者在追逐交易成功的同时，也能够注重交易与生活的平衡，享受生活的乐趣！

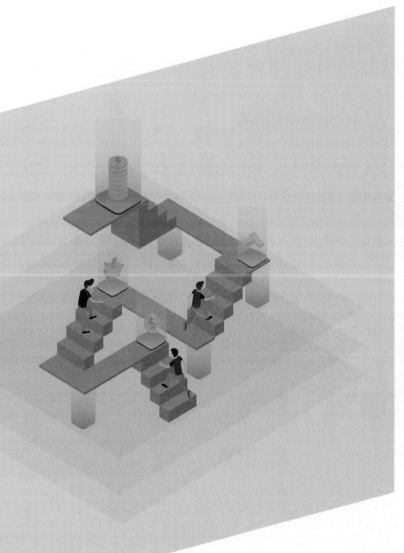

# 第10章 仓单在交易中的重要性

## 10.1 注册仓单与有效预报

对于基本面交易者而言，有一个数据非常重要，那就是注册仓单数据。因为期货本身是为现货服务的，期货的交割需要注册仓单，注册仓单的数量暗示了卖方的交割意愿，通过比较仓单的成本与盘面价格，可以判断买方交割与卖方交割的盈亏情况。

在仓单较少的情况下，有可能发生逼仓行情，在仓单较多的情况下，往往容易走交割逻辑。所以基本面交易者，往往都非常关注仓单数量的变化。接下来，我们需要区分一下几个重要的名词：标准仓单、注册仓单、有效预报。与仓单相关的几个重要概念如图10-1所示。

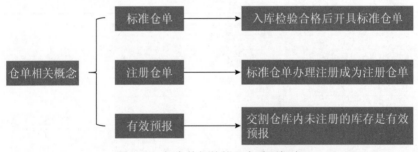

图10-1　与仓单相关的几个重要概念

首先，现货贸易商或者产业客户把符合交易所规定的交割标准的货物运到交易所的交割仓库，入库检验合格之后，会给货物持有人开具标准仓单。

此时，货物持有人可以拿着标准仓单到交易所的交割部门办理注册手续，将标准仓单转化为注册仓单。只有经过注册的仓单才能够进行交割，注册仓单的总数也就是交易所公布的库存数量。

需要注意的是，已经注册的仓单还可以办理注销，也就是我们所说的注销仓单。当某个合约进行交割时，需要办理仓单注销以及出库手续，此时这些仓单对应的货物就流入现货市场当中。

但是,并不是所有的仓单注销都意味着货物进入现货市场。由于仓单与期货价格之间存在一定的关系,产业客户利用仓单注销来改变市场对价格的预期,所以在某些情况下仓单注销时,所对应的货物可能并未出库,而是仍然存放在交割仓库内,只是不在期货交易所统计范围之内。

关于仓单,顺便提一下有效预报,由于仓单注册需要一定的费用,所以有时候现货商只是把货物入库后拿到标准仓单,并没有去注册,这些未注册的仓单就是有效预报。当然注册之后又注销的仓单,也算是有效预报。

另外,注册仓单数量可以在交易所网站进行查询,上期所(上海期货交易所)、大商所(大连商品交易所)和郑商所(郑州商品交易所)都有仓单日报,可以通过仓单日报来查询相关品种每天的注册仓单变化。三大商品期货交易所注册仓单查询地址为:

上期所:http://www.shfe.com.cn/statements/dataview.html?paramid=dailystock

大商所:http://www.dce.com.cn/dalianshangpin/xqsj/tjsj26/rtj/cdrb/index.html

郑商所:http://www.czce.com.cn/cn/jysj/cdrb/H770310index_1.htm

## 10.2 仓单与期货升贴水的关系

仓单数量的变化对于期货分析来说十分重要,因为仓单数量的变化往往暗示了许多现货市场信息,如果交易者不理解仓单数量变化的意义,那么就容易错过这些重要的信息。

例如,某个品种注册仓单数量非常高时,那么这个品种大概率处于供求宽松甚至过剩状态,从而导致大量的隐性库存以显性仓单的形式体现,因为如果现货市场成交火爆的话,这些仓单就可以直接在现货市场出售。往往现货市场成交清淡时,交易所的注册仓单会不断增加,所以根据一个品种仓单数量的高低,我们基本上可以判断出这个品种当下的供需情况。仓单数量与现货供需之间的关系如图10-2所示。

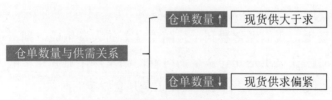

图10-2 仓单数量与现货供需之间的关系

另外，仓单数量的高低也能在一定程度上反映期限结构问题。当仓单数量较高时，商品现货市场供求宽松，期限结构往往表现为contango结构，如棉花、天然橡胶、豆油、棕榈油等品种；相反，当仓单数量较低时，商品现货市场供求偏紧，期限结构往往表现为back结构，如螺纹钢、PTA(对苯二甲酸)等品种。所以，根据仓单数量的高低，我们也可以对商品的期限结构进行验证，期货价格涨跌与仓单变化之间的关系如图10-3所示。

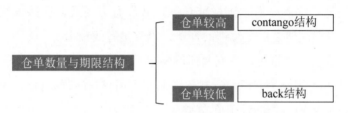

图10-3　仓单数量与期限结构之间的关系

此外，当期货价格大幅上涨时，尤其是期货市场价格较高时，往往伴随着大量仓单的生成，现货商就会在期货市场进行销售，从而锁定销售利润；相反，当期货价格大幅下跌时，尤其是期货市场价格较低时，往往伴随着大量仓单的溢出，因为期货市场销售利润过低，所以仓单纷纷注销。期货价格涨跌与仓单变化之间的关系如图10-4所示。

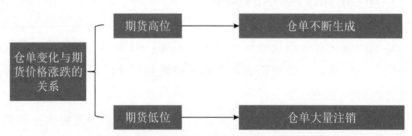

图10-4　期货价格涨跌与仓单变化之间的关系

可见，仓单数量的大幅增减反映的是期货和现货的价差问题。当期货市场价格较高时，现货商就会注册仓单在期货市场销售。我们可以根据仓单数量及变化来确定投资方向。当大量的仓单生成时，说明期货价格高于现货价格，这个时候应当做空；反之，当大量仓单注销时，说明期货价格低于现货价格，这个时候应当做多。

在期货市场上，我们经常看到，伴随着仓单的大量生成，期货价格却不断地创出新高，这时候往往正是开仓做空的时候。相反，伴随着仓单的大量注销，期货价格却不断地创出新低，这个时候往往正是开仓做多的时候。

当然，这只是利用仓单一个维度去进行交易方向的判断，在实际交易过程当中，我们可能通过多个角度来对市场的方向进行综合判断。

## 10.3 注册仓单与库存的关系

在之前的内容中，我们大量介绍了如何使用库存来作为判断指标，后来我们又介绍了注册仓单这个指标，其实无论是库存还是注册仓单，使用它们来判断的方法是一致的。那么库存与注册仓单之间存在怎样的关系呢？

通常情况下，我们所说的库存可以分为显性库存和隐性库存，如图10-5所示。所谓显性库存就是期货交易所公布的库存周报，而期货交易所的库存周报就是注册仓单的量。所以说，注册仓单就是显性库存，它是库存的一部分，而且往往是很小一部分，但是从这很小的一部分，我们大致可以推断出整体库存情况。

图10-5 库存的分类及库存与仓单的关系

所谓隐性库存是指非交易所官方公布的，而是由第三方统计机构抽样调研统计得来的数据，这些数据本身并不是真实准确的，存在误差，而且不同第三方机构统计结果之间也可能存在差异。我们平常所说的库存数据，指的是隐性库存，例如，钢厂库存、石化库存、社会库存、港口库存、下游库存等，都是隐性库存的范畴。

因此，用数学的语言来说，注册仓单只是库存的子集。当一个品种供求过剩时，很多隐性库存就会开始显性化，成为注册仓单，在期货市场进行销售；当一个品种供不应求时，显性库存往往会比较少，即注册仓单数量较少。

不过，有时候期货市场中的持仓主力，为了影响价格，也会通过注册仓单然后注销仓单的方式来改变交易所公布的库存数量，从而影响期货交易者的判断。

举例来说，当持仓主力希望价格上涨时，就会把持有的注册仓单进行大量注销，造成可交割货物不足的假象，从而引发交易者对未来价格的预期，然而实际上可交割的货物并没有减少,依然在仓库里存放着。相反,当主力希望价格下跌时,他们又会把仓单再次进行注册,造成货物增多的假象,使得期货价格受此影响而下跌。仓单变化对市场预期的影响如图10-6所示。

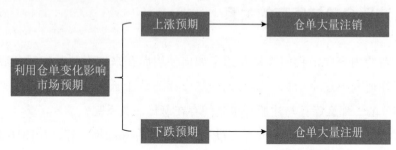

图10-6 仓单变化对市场预期的影响

国内玩仓单变化把戏的产业客户也是存在的,但是经常这样操作的要属LME(伦敦金属交易所),经常会用一些注册仓单增加或者注销仓单不及预期等一些情况来影响市场交易者的预期和情绪,从而导致LME铜经常快速上涨或下跌,如果这些急涨或者急跌发生在下午收盘之后,那么我们的SHFE(上海期货交易所)夜盘一开盘就会跟随LME大幅跳空。

## 10.4 仓单强制注销的意义

注册仓单在两种情况下需要进行注销,一种是在交割时,货物所有权发生转移,仓单需要注销,这是最常见的一种现象;另一种是在仓单到期日,必须强制进行注销,进行期转现,此后这部分库存无法再注册仓单,失去金融属性。仓单注销的两种情况如图10-7所示。

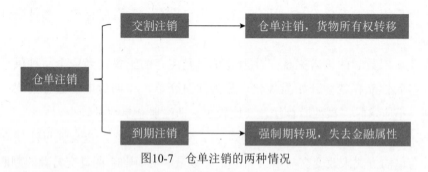

图10-7 仓单注销的两种情况

之所以要进行仓单强制注销,主要是因为一些品种有一定的保质期,过了一段时间之后,其产品的质量无法得到保证,如果按照当时的交割价格进行交易,对买方是不利的，所以大部分期货品种都有仓单强制注销的要求。强制注销的仓单对应的货物只能在现货市场上流通，而无法在期货市场上进行交割，换句话说，强制注销仓单对应的货物以后只有商品属性，没有了金融属性。

三大商品期货交易所对各个上市的期货品种都进行了仓单有效期的规定，以上期所为例，贵金属和基本金属没有仓单有效期的限制，可以一直进行交割接货然后转抛；天然橡胶在每年11月最后1个交易日强制注销；螺纹钢和线材仓单有效期为生产日期90天内；热卷仓单有效期为生产日期360天内；沥青厂库仓单在10月最后1个工作日之前全部注销。

以大商所为例，豆粕、纤维板、胶合板标准仓单在每年的3、7、11月最后一个工作日之前必须注销，若检验过关可再注册仓单；豆一、豆二、玉米、LLDPE(线性低密度聚乙烯)、PVC(聚氯乙烯)、PP(聚丙烯)、豆油、焦炭、铁矿石标准仓单在每年3月最后一个工作日之前必须强制注销；棕榈油、焦煤标准仓单在每个交割月最后交割日后3个工作日内注销。

此外，郑商所也对其上市品种仓单有效期进行了规定，郑商所的规定更加复杂和详细，这里不再过多介绍，可以参考郑商所网站相关品种手册或者交割手册查询相关品种的仓单有效期规定。

仓单有效期的规定看似很平常，但是对期货交易来说非常重要，因为它往往存在比较不错的获利机会。尤其是对于本身供应过剩、库存压力较大的品种而言，在仓单有效期即将到期强制注销的月份，这类品种在盘面上往往容易遭受巨大的抛压，期货价格往往会走弱，一路下跌，甚至有可能最终低于现货价格，贴水交割。

所以了解了仓单有效期，我们可以找到潜在的获利机会，与此同时，如果是做多的话，需要规避仓单到期带来的抛压风险，关于如何利用仓单有效期进行交易，我们在后面的内容详细介绍。

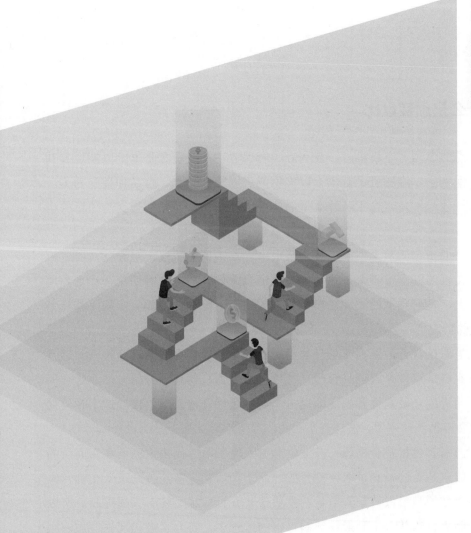

# 第11章 基于『仓单+基差』的交易逻辑

## 11.1 什么是虚实盘比

期货交易的参与者有投机者、套利者、套保者，产业资金基本上以期现套利或者卖出套保为主，金融资金基本上以投机或者以跨期套利、跨品种套利为主。期货合约的持仓当中，包含了各种类型的资金，这些资金参与期货交易的目的也各不相同。

任何一个期货合约从上市到最终交割退市，在不同的阶段，主导行情的逻辑是不同的，在合约刚上市不久，往往由投机资金主导行情，此时期货合约受预期的影响比较大，任何预期的波动在投机资金的作用下，都会被放大，从而容易出现暴涨暴跌的情况。

相反，随着期货合约距离交割月的不断临近，投机资金开始逐渐移仓到远月合约，而产业资金逐步介入近月合约，所以近月主力合约逐步开始被产业资金所主导，商品期货的金融属性开始逐渐退去，商品属性开始逐渐显现。这个时候期货合约往往会遵循产业逻辑，波动会小一些，趋势性会更强一些。

到最后，所有投机资金离场，产业资金进入交割月，国内大商所和郑商所的品种，投机散户是无法持仓进入交割月的，而上期所允许散户持仓进入交割月，但是持仓数量必须是最低可交割数量的整数倍，并且保证金还会大幅提高。所以在一个商品期货合约从上市到最终交割退市的过程中，持仓量会出现先增加后减少的特点。综上，主力合约在不同阶段的行情驱动逻辑如图11-1所示。

由于期货市场本身是为现货市场服务的，期货的交割能够促进期现价差的最终修复，然而并不是所有交易者的持仓都是为了去进行交割的。我们把用于交割的持仓称为实盘，实盘持仓对应的数量可以通过期货交易所公布的仓单日报查询。

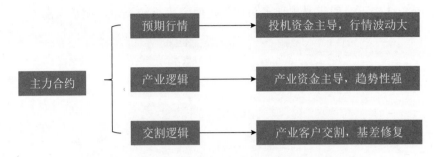

图11-1　主力合约在不同阶段的行情驱动逻辑

期货合约总的持仓量减去可以交割的实盘持仓之后，剩下的就是虚盘，这部分持仓是没有货进行交割的。严格来说，虚实盘比就是虚盘持仓与实盘持仓之间的比值，但在实际过程中，我们往往利用主力合约持仓量除以2得到单边持仓量作为虚盘的量，将仓单数量折成盘面手数作为实盘的量，用两者之比来计算虚实比。

这个比值越大，说明了货越少，而资金越多，在钱比货多的情况下，价格容易上涨；这个比值越小，则说明了货比较多，而资金相对较少，在货比钱多的情况下，价格容易下跌。虚实比的计算方式以及使用技巧如图11-2所示。

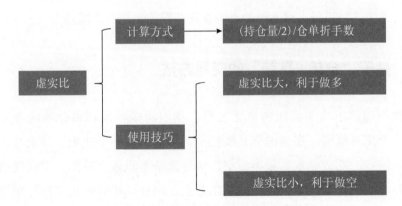

图11-2　虚实比的计算方式以及使用技巧

没有固定的比值来作为虚实比多大就一定逼仓或者一定不逼仓的标准，一方面取决于虚实比的大小，另一方面取决于距离交割到期日的远近。如果以横轴表示距离交割月的远近，以纵轴表示虚实比，基本上会得到一个虚实比逐步减小的曲线，如图11-3所示。

contango结构下的虚实比曲线一般是凹型的，back结构下的虚实比曲线一般是凸型的。所以contango结构下一般容易出现空头交货，而多头接货意愿不足，期货大跌；back结构下一般容易出现多头接货，而空头货源不足，期货大涨。

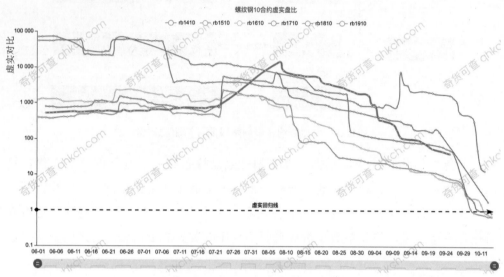

图11-3　虚实比的变化图(以螺纹钢10合约为例)

并不存在一个具体的比值能够确定是否发生逼仓，但是我们可以借助虚实比曲线的特征来判断发生逼仓的可能性。移仓早的一般都是凹型的，不太可能逼仓，一般遵循交割逻辑；移仓晚的一般都是凸形的，极有可能逼仓。

## 11.2　基于"仓单+基差"的交易方法

当我们理解了虚实盘比的概念之后，我们同样可以利用仓单或者虚实盘比去构造一个交易框架。在我的交易过程中，始终贯彻一个原则，那就是：期货升水尽量不做多，期货贴水尽量不做空。永远把基差当做交易的一个重要的安全边际，此外，我们在具有安全边际的基础之上，通过寻找其他相关指标来提升我们对行情方向判断的胜率。

期货市场上经常出现一种现象叫做逼仓，通常我们所说的逼仓是指多逼空，由于期货市场上的多头是买货的一方，而空头是交货的一方，当市场上资金量巨大的时候，就会导致期货合约的持仓量不断放大，即买方的力量十分强大，而卖方的力量主要体现在实盘仓单的量。

当虚实盘比非常大的时候，说明市场上的钱多货少，想买货的多头非常多，而能够交货的空头非常少，最终空头陷于无货可交割的困境，不得不平仓离场，从而导致盘面因为空头减仓而大涨。这就是典型的多逼空现象，这种现象在期货市场上经常发生。

所以，对于普通的投机散户来说，尽量不要去卖空你所没有的东西。事实证明，大多数投机者赚钱还是依靠逢低做多的更多一些。无论是做多棉花的林广茂[①]，做多矿石的傅海棠，基本上都是以逢低做多赚了大钱。

当期货处于贴水状态的时候，在仓单非常少或者虚实盘比特别大的情况下，如果现货启动上涨，往往会爆发大行情，像RB1801合约的逼仓上涨，TA1809合约的逼仓上涨，基本上满足三个共同的特点：第一，期货贴水于现货；第二，仓单较少，虚实盘比巨大；第三，现货坚挺上涨。多逼空时常伴随的三种现象如图11-4所示。

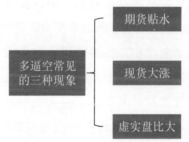

图11-4　多逼空时常伴随的三种现象

因此，我们可以利用基差和虚实盘比两个维度来得到一个交易策略：

期货深贴水+虚实盘比大→单边做多

相反，除了多逼空之外，期货市场上还有一种比较常见的现象，就是卖出套保，有时候卖出套保的意愿比较强烈，就会造成一种空逼多的情况。如果市场上期货合约持仓量比较少，而仓单的量比较大，即虚实盘比非常小，那么说明货相对较多，钱相对较少，在这种情况下，空头交割的意愿就会非常强烈，而多头接货的意愿就会相对较弱，从而导致盘面上接货意愿较差的多头率先离场，盘面上因为多头减仓而下跌。

例如最近几年的油脂、橡胶、棉花基本上都是这个特点，据我观察出现空逼多的时候一般满足三个特点：第一，期货升水于现货；第二，巨量仓单，虚实盘比很小；第三，现货疲软下跌。空逼多时常伴随的三种现象如图11-5所示。

---

① 林广茂，网名"浓汤野人"，因用600万元做多棉花，一举盈利20亿元而闻名，被交易者称为期货界的"西狂"。

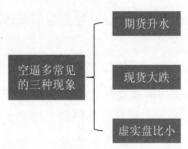

图11-5 空逼多时常伴随的三种现象

因此，我们可以利用基差和虚实盘比两个维度来得到另一个交易策略：

期货高升水+虚实盘比小→单边做空

其实，本质上来说"基差+仓单"交易逻辑与"基差+库存"交易逻辑有些类似，因为从数据的角度来说，仓单是库存的子集，库存比仓单更能反映整个商品的供需情况，而仓单比库存更能反映盘面上多空双方交割意愿和实力的情况。

由于厂库信用仓单政策的推出，很多时候仓单生成得比较快，不像之前仓单生成比较慢，可能还有库容的限制，所以卖方早早就把仓单注册好了，体现在交易所的仓单日报当中。而现在往往是在临近进入交割月甚至是进入交割月之后才生成仓单，这个时候我们用"基差+库存"的交易逻辑比"基差+仓单"的交易逻辑更好一些。

最后，我们从交易方向、增减仓两个角度，来总结和对比一下"库存+基差"交易逻辑与"仓单+基差"交易逻辑的异同：

交易方向：

深贴水+低库存→单边做多，高升水+高库存→单边做空

深贴水+虚实盘比大→单边做多，高升水+虚实盘比小→单边做空

增减仓操作：

深贴水+低库存累库→多单减仓，高升水+高库存去库→空单减仓

深贴水+仓单增加→多单减仓，高升水+仓单减少→空单减仓

## 11.3 基于"期限结构+仓单验证"的跨期交易

单独一条信息是没有价值的，把不同信息进行排列组合，才能够发挥不同信息的最大价值。所以我们在构思自己的交易策略时，尽量不要依靠单独一条信息或者单个指标去构造，因为这样得来的结果往往可靠性较差。相反，我们需要把不同

维度的信息进行整合，然后去归纳一个交易框架，这样反而可靠性会大大提高。

单纯基于基差来进行交易显然不如把基差和库存结合起来做交易判断的胜率高，更不如把基差、库存和利润三者结合起来做交易判断的胜率高。同样的道理，我们在利用仓单作为指标来判断交易方向时，也不能够只通过仓单一个指标，也需要把其他指标结合起来。

前面介绍了期限结构，我们可以把期限结构和仓单结合起来，从而形成我们的交易策略。之所以选择期限结构，主要是因为期限结构本身能够反映基差、库存等几方面的共性特征，例如back结构往往意味着期货贴水、库存较低、仓单较少，contango结构往往意味着期货升水、库存较高、仓单较多。

但事实情况是否如此呢，我们可以通过仓单来验证一下。当期限结构与仓单情况共振时，我们参与交易的胜率就会更好一些，因此，我们可以得到下面的交易法则：

back结构+少量仓单→跨期正套[①]
contango结构+巨量仓单→跨期反套[②]

本质上，这个交易方法也是"库存+基差+利润"交易框架的一个变形，只是库存数据往往需要通过付费的方式从一些资讯网站获取，一些交易者可能不愿意为信息付费，所以退而求其次，只能用交易所免费公布的仓单数据来辅助我们做出交易判断。

因为仓单属于库存的一部分，通常情况下，少量仓单往往暗示着库存较低，而巨量仓单往往暗示着库存较高，与此同时，少量仓单往往还暗示着现货市场销售较好，巨量仓单还暗示着现货市场销售较差。

当然，这里我们主要介绍了利用期限结构+仓单验证的方法来做跨期套利，这取决于交易者的风险偏好，单边做多和跨期正套对于近月主力合约来说，交易的方向是一致的，都是做多，只是单边做多的风险更大一些，而跨期正套的风险更小一些；同样，单边做空和跨期反套对于近月主力合约来说，交易的方向是一致的，都是做空，只是单边做空的风险更大一些，而跨期反套的风险更小一些。

另外，在使用期限结构+仓单验证的跨期交易策略时，需要注意的是：第一，跨期正套的风险要小于跨期反套。第二，交易过程中尽量以正套为主，反套为辅，如图11-6所示。

---

[①] 跨期正套，双向交易同一标的不同月份的合约，做多近月合约，做空远月合约，称为跨期正套。
[②] 跨期反套，双向交易同一标的不同月份的合约，做空近月合约，做多远月合约，称为跨期反套。

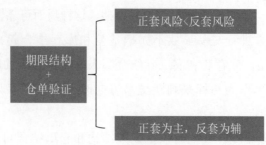

图11-6 通过期限结构+仓单验证做跨期套利需要注意的两点

为什么说正套风险要小于反套呢？主要是因为在交易过程中，我们会遇到各种意外事件的冲击，从而对你最初的交易逻辑产生影响。一般情况下，这些意外冲击，如天气、矿难、罢工、政策等，往往都会对近月合约的供应造成比较大的预期影响，近月合约容易走强，此时，做反套就容易亏损，而做正套则是锦上添花。

除此之外，在利用期限结构+仓单验证的交易策略做跨期反套的时候，尽量选择仓单到期无法转抛的合约，这样的话，因为这部分仓单即将失去金融属性，空头交货意愿往往比较强，而多头接货的意愿就比较差，所以近月临近交割的合约往往就非常弱，甚至最终贴水交割，近远月价差就容易拉大，反套获利的概率更大一些，盈利也可能更多一些。但是如果遇到事件冲击，也可能会对这种高胜率的反套造成影响。

例如，OI1905-OI1909反套，由于郑商所规定，上一年度菜籽油的仓单要在5月底集中注销，无法继续转抛到后面的其他月份，而2019年OI1905合约对应的仓单又是历史同期非常高的位置，期限结构也是contango结构，一切看来都是非常完美的反套机会。

最初盘面确实是在走反套的逻辑，然而2019年3月我国停止了对加拿大菜籽和菜油的进口，一下子导致盘面开始走正套逻辑，期限结构也从contango结构变成了back结构，反套从盈利状态变成亏损状态，所以任何定式的套利逻辑都不如事件驱动对套利逻辑的影响大。

## 11.4 期货交易中的两个安全边际

什么是期货交易中的安全边际？我认为核心的一点就是：如果基于此做对了，那么我们会获利颇丰；相反，基于此做错了，我们的损失会比较小。根据我对安全边际的理解，我认为期货交易中存在两种安全边际：一种是从基差角度去寻找交易的安全边际,另一种是从虚实盘比的角度去寻找安全边际。期货交易中的两个安全边际如图11-7所示。

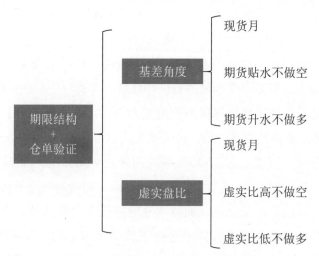

图11-7 期货交易中的两个安全边际

**1. 从基差的角度寻找安全边际**

从基差的角度来讲,对于近月临近交割的主力合约,期货贴水的品种不宜做空,期货升水的品种不宜做多,这就是交易的安全边际。举例来说,假设螺纹钢现货价格是4000元/吨,现在期货主力合约价格是3700元/吨,市场完全有效,交割时基差进行修复,期货价格与现货价格相等。

在这种情况下,如果你选择做空期货主力合约,假设你做对了,最终是以现货下跌的方式来完成基差修复,假设最终期现价格都是3600元/吨,现货从4000元/吨跌到了3600元/吨,现货下跌了400元/吨,而期货从3700元/吨跌到3600元/吨,期货跌了100元/吨。由于你判断对了,并且通过做空期货每吨赚了100元的价差。

但如果你判断错误,最终是以期货上涨的方式来完成基差的修复,假设最终期现价格都是4100元/吨,现货从4000元/吨涨到了4100元/吨,现货上涨100元/吨,而期货从3700元/吨上涨到4100元/吨,期货上涨了400元/吨。由于你判断错误,并且选择了做空,所以你最终每吨亏损400元。

所以,从上面的比较结果来看,在期货贴水的情况下,尤其是对于近月临近交割的合约,如果你选择做空的话,是没有安全边际的,因为你做对了赚钱少,做错了亏钱多,这并不是一种明智的交易方法,所以从基差角度来讲,近月合约临近交割,期货贴水不做空!相反,这种情况下更适合做多,因为做多的情况与做空恰好相反，做错了的情况下，损失较小，做对了的情况下，盈利较大，盈亏比非常大。

同样的道理，从基差的角度来讲，对于近月临近交割的主力合约，期货升水的品种不宜做多，这也是交易的安全边际。

举例来说，假设螺纹钢现货价格是3700元/吨，现在期货主力合约的价格是4000元/吨，市场完全有效，交割时基差进行修复，期货价格与现货价格相等。

在这种情况下，如果你选择做多期货主力合约，假设你做对了，最终是以现货上涨的方式来完成基差修复，假设最终期现价格都是4100元/吨，现货从3700元/吨涨到了4100元/吨，现货上涨了400元/吨，而期货从4000元/吨涨到了4100元/吨，期货涨了100元/吨。由于你判断对了，并且通过做多期货每吨赚了100元的价差。

但如果你判断错误，最终是以期货下跌的方式来完成基差的修复，假设最终期现价格都是3600元/吨，现货从3700元/吨下跌到3600元/吨，现货跌了100元/吨，而期货从4000元/吨下跌到3600元/吨，期货下跌了400元/吨。由于你判断错误，并且选择了做多，所以你最终每吨亏损400元的价差，如图11-8所示。

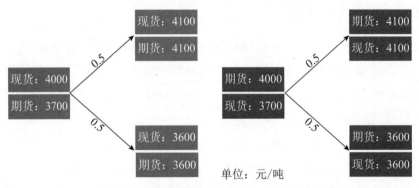

图11-8 升水做空，贴水做多，具有安全边际

所以，从上面的比较结果来看，期货升水的情况下，尤其是对于近月临近交割的合约，如果你选择做多的话，是没有安全边际的，因为你做对了赚钱少，做错了亏钱多，这显然不是很明智的选择，所以从基差角度来讲，近月合约临近交割，期货升水不做多！相反，这种情况下更适合做空，因为做空的情况与做多恰好相反，做错了损失小，做对了盈利大，盈亏比十分理想。

通过基差的角度以及做多与做空的选择，对于近月临近交割的主力合约，我们可以找到如下两条安全边际：

近月合约临近交割，期货升水不做多。

近月合约临近交割，期货贴水不做空。

### 2. 从虚实盘比角度寻找安全边际

从虚实盘比的角度来讲，对于近月临近交割的主力合约，虚实盘比大的品种不宜做空，这也是交易的安全边际。虚实盘比大说明钱多但是货少，这个时候就容易出现逼仓行情，即多逼空，在这种情况下，空头往往会损失惨重，在发生逼仓的情况下，期现最终有可能不会修复，而可能是期货升水交割，即期货价格大幅高于现货价格。

假设螺纹钢现货现在是4000元/吨，期现平水，期货主力合约也是4000元/吨，临近交割，仓单非常少，而主力合约持仓量非常大，即虚实盘比非常大，这个时候如果你去做空期货主力合约，假设做对了，期现都跌到了3900元/吨，你通过做空交易赚了100元/吨。但如果你做错了，发生了逼仓行情，结果可能是现货涨到4500元/吨，期货涨到了4700元/吨，你就会亏损700元/吨。显然做对了赚钱少，做错了亏钱多，这不是一个好的选择。

历史上发生过好多次逼仓事件，基本上都是在期货贴水、虚实盘比较大的情况下发生的，所以只要你能够遵循我所总结的这两条安全边际，基本上你就不会在逼仓行情中遭遇重大损失，相反，你还可以利用逼仓行情来大赚一笔，当然，我还是希望交易者能够记住这一点：**近月合约，临近交割，虚实盘比较大，坚决不做空！**

同样的道理，对于近月临近交割的主力合约，虚实盘比小的品种不宜做多，这也是交易的安全边际。虚实盘比小说明钱少但是货多，这个时候就容易出现交仓行情，即空逼多，在这种情况下，多头往往会损失惨重，在发生交仓的情况下，期现最终有可能不修复，而可能是期货贴水交割，即期货价格大幅低于现货价格。

假设橡胶现货是13 000元/吨，期现平水，期货主力合约也是13 000元/吨，临近交割，仓单非常多，而主力合约持仓量并不大，即虚实盘比较小，这个时候如果你去做多期货主力合约，假设你做对了，期现都涨到13 200元/吨，你通过做多交易赚了200元/吨。但如果你做错了，发生了交仓行情，结果可能是现货跌到12 800元/吨，期货跌到了12 000元/吨，你就会亏损1000元/吨。显然做对了赚钱少，做错了亏钱多，不是很好的选择。

历史上也经常发生交仓事件，也就是我们所说的空逼多，基本上都是在商品供求过剩的情况下，产业客户选择了卖出套保，市场上交货的非常多，而在供求过剩的情况下，愿意接货的资金比较少，所以期货价格大幅下跌。所以，**近月合**

**约临近交割，虚实盘比较小，坚决不做多！**

通过虚实盘比的角度以及交货与接货的意愿情况，对于近月临近交割的主力合约，我们可以找到如下两条安全边际：

近月合约临近交割，虚实盘比大不做空。

近月合约临近交割，虚实盘比小不做多。

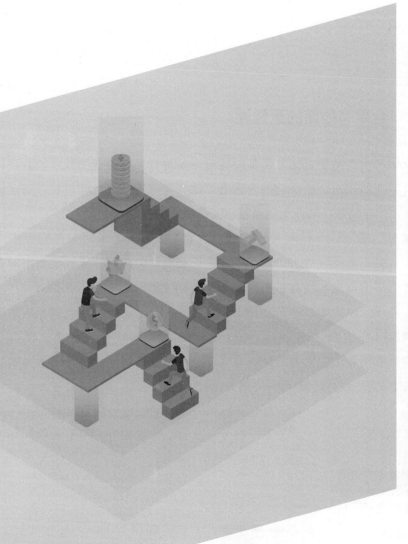

# 第12章 关于交割制度应该注意哪些事

## 12.1 仓单有效期的重要性

我国三大商品期货交易所都对注册仓单进行了有效期的规定，之所以要进行仓单有效期的规定，主要是因为随着商品在仓库里存放时间过长，商品的质量可能会存在一定问题，从而无法满足下游使用的需要。

农产品期货这个问题尤其明显，因为新作物一上市，旧作物价格一般就会下跌，一些工业品存放久了也或多或少存在类似的问题，所以交易所对仓单往往进行有效期的规定，当商品在交割仓库中存放到一定时间，就必须进行强制的期转现。当然，由于新旧产品品种上存在差异，交易所往往也会有相应的升贴水规定，例如旧棉的历日贴水规定[①]等。

期货有两种比较典型的交割方式，一种是期转现，一种是进入交割月之后一次性集中交割。期转现的两种方式如图12-1所示。

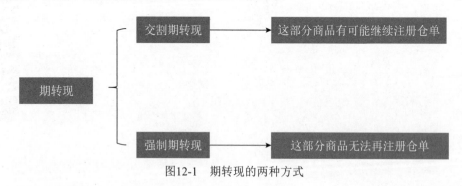

图12-1 期转现的两种方式

期转现一般发生在期货合约进入交割月之前，由多空双方确定成交价格，然

---

① 棉花交割细则第十三条规定N年产锯齿细绒白棉从N+1年8月1日起每个日历日贴水4元/吨，至N+2年3月的最后一个工作日止。

后协议平仓，自行进行交易，仓单进行注销。当商品期货进入交割月之后，最终一般在月中进行一次性集中交割，交割价格是以交割结算价确定的，而不是多空双方自己决定的。交割之后要注销仓单，商品出库。

所谓强制期转现就是这部分商品注册仓单之后，无论最终是否能够在进入交割月之前以期转现的方式成交，或者进入交割月之后以一次性集中交割的方式成交，都必须把这部分仓单注销，并且这部分商品无法再次注册仓单。

简单来说，当这部分商品被强制进行期转现之后，它的金融属性就会完全消失，只剩下了商品属性，以后只能够在现货市场流通，而无法在期货市场以仓单的方式进行流通。

所以，如果某个商品期货品种拥有大量的仓单，而且都临近仓单到期日，要进行强制注销，那么这种情况下，空头想要交货的意愿非常强烈，而由于这部分仓单对应的往往是质量相对差一些的陈旧商品，所以多头接货的意愿相对较弱，此时，商品期货往往容易走出交割逻辑，即在大量到期仓单的压力下，空头不断打压，而多头不断移仓，期货价格不断下跌。了解了这个原理之后，交易者往往可以借用仓单有效期提供的机会，去趁机做空某个品种或者选择做跨期反套来获利。

另外，国产天然橡胶(SCR WF)在库交割的有效期限为生产年份的第2年的最后一个交割月份，超过期限的转作现货。当年生产的国产天然橡胶如要用于实物交割，最迟应当在第2年的6月份以前(不含6月)入库完毕，超过期限不得用于交割。进口3号烟胶片在库交割的有效期限为商检证签发之日起18个月，超过期限的转作现货。用于实物交割的3号烟胶片应当在商检证签发之日起6个月内进库，否则不得用于交割。

由于橡胶每年最后一个月份的合约在11月，也就是说，橡胶11月份的合约是每年仓单强制注销的一个合约。所以每年11月份，天然橡胶期货的注册仓单一般都会大幅下降，就是因为强制期转现的影响，如图12-2所示。与此同时，很多交易者往往选择进行天然橡胶11月和1月合约的跨期反套操作。

大商所的品种当中：①豆一、豆二、玉米、塑料、聚氯乙烯、聚丙烯、焦炭、铁矿石、乙二醇，在3月份最后一个工作日进行仓单的强制注销；②豆粕、纤维板、胶合板，在每年3月、7月、11月最后一个工作日进行仓单的强制注销；③焦煤和棕榈油，在每月交割日后3天之内进行仓单强制注销；④鸡蛋，在每月交割日后1个交易日内必须强制注销仓单。

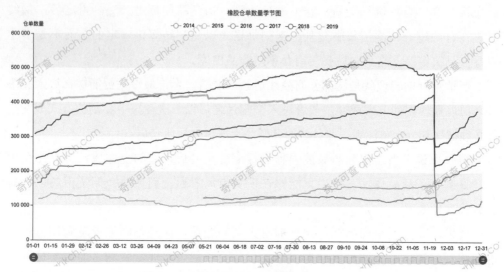

图12-2　天然橡胶仓单数量在11月大幅下降

郑商所的品种当中：①棉花，在$N+2$年3月最后一个工作日强制注销仓单；②$N$制糖年度(每年10月1日至次年9月30日)生产的白糖所注册的标准仓单有效期为该制糖年度结束后当年11月份最后一个工作日；③菜籽油，在$N$年6月1日起注册的仓单有效期为$N+1$年5月最后一个工作日；④PTA，9月第12个交易日前注册的仓单，在当月第15个交易日前注销；⑤甲醇，在每年5月、11月第12个交易日前注册的仓单，当月第15个交易日前注销；⑥玻璃，在每年5月、11月第12个交易日前注册的仓单，当月第15个交易日前注销；⑦菜粕，在每年3月、7月、11月第12个交易日之前注册的仓单，当月第15个交易日前注销；⑧动力煤，在每年5月、11月第7个交易日前注册的仓单，在当月第10个交易日前注销；⑨苹果，在每年5月、7月第12个交易日前注册的仓单，当月第15个交易日前注销；⑩锰硅，在每年10月第12个交易日前注册的仓单，当月第15个交易日前注销；⑪硅铁，在每年2月、6月、10月第12个交易日前注册的仓单，当月第15个交易日前注销。

所以，作为交易者，对于你所交易的期货品种，一定要清楚关于它的仓单有效期的规定。许多交易者对技术分析往往比较热衷，但是对于基本面分析以及相关交易规则和交易制度了解得太少，大多数交易者都是在进行投机，甚至是赌博。

另外，需要注意的是，一般情况下，交易所是不会对仓单有效期的规定进行更改的，但是在特殊情况下，交易所也会对相关品种的仓单有效期进行重新修订，这个时候需要关注交易所的相关政策文件，避免出现仓单有效期发生改变而自己还不知道的情况。

## 12.2 标准品与替代品的升贴水情况

期货交易者交易的是期货合约，期货合约对应的标的是具体的商品，用于满足最终买卖双方交割的需求。对于一些标准化的品种来说，似乎不存在什么问题，例如上海商品期货交易所中的黄金、白银、铜、铝、锌、镍、铅、锡等有色金属品种和贵金属品种，这类品种往往是高度标准化的，买卖双方交割的时候，不会存在买方吃亏了，或者卖方占便宜的情况。

但是对于一些比较不太好标准化的品种，如果把交割商品的标准规定得非常严格，则势必导致可以用于交割的商品数量受到限制，盘面上就容易出现持仓量巨大，但是仓单量较少的情况。在这种情况下，就容易发生逼仓行情。由于逼仓行情的发生，往往容易导致期货价格大幅偏离现货价格，这样就偏离了期货市场的价格发现功能。所以交易所在设置交割标的时，往往设置标准品和替代品，同时设置升贴水交割，如图12-3所示。

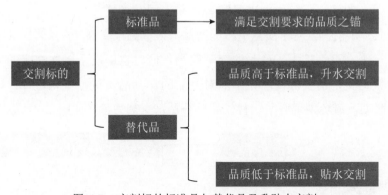

图12-3　交割标的标准品与替代品及升贴水交割

然而，即使是同一种商品也会因为种种原因导致质量或品质上存在差异，如果所有满足交割的商品都按照同样的价格进行交割的话，那必然会存在"劣币驱逐良币"的现象，即卖方总是以满足交割要求的最低品质的商品去进行交割，而不会用质量更好成本更高的商品去进行交割，这种情况在期货市场中也时有发生。

例如，焦煤的混煤交割问题，由于配煤技术的进步，山西混煤也达到了焦煤的交割要求，但是山西混煤质量较差，成本较低，价格比焦煤市场正常价格低一些，所以做空的卖方往往做空盘面，同时用混煤交割，而买方接货吃过亏之后，接货的意愿就比较弱，从而导致焦煤期货长期贴水于现货价格。当然，大商所后来对焦煤的交割品质进行修订，从JM1909合约开始执行新的交割标准。

再比如玻璃，2019年郑商所对玻璃期货交割品进行了调整，从FG2005合约开始，这个时候我们就需要注意两者的不同。

过去基准品是5mm无色透明平板玻璃(不大于2m×2.44m)一等品，替代品是4mm无色透明平板玻璃(不大于2m×2.44m)一等品。

调整之后，基本品是5mm无色透明平板玻璃(3.66m×2.44m，3.66m×2.134m)一等品，替代品是6mm无色透明平板玻璃(3.66m×2.44m，3.66m×2.134m)一等品，不设升贴水。

简单来说，交割品从小板改为大板，替代品厚度从4mm提高到6mm，过去小板机械切割会导致大量浪费，所以多头接货意愿不足，玻璃主力合约长期贴水。

现在改成大板交割，有利于多头接货，过去多头接货只能折价卖给玻璃厂，而大板下游接受程度高，接货之后还可以转手销售，有利于增加买方交割的积极性。

其他一些品种也存在类似的问题，为了解决这个问题，交易所往往对交割标的进行品质上的规定，分为标准品和替代品，同时设置升贴水，对于质量更好的商品，采取升水交割，对于质量更差的商品，采取贴水交割。

这样一来，不仅扩大了商品的交割范围，同时也解决了以次充优的问题。交易所也会根据交割的实际情况，不断对商品的交割品质进行重新修订，以尽可能实现期现联动，避免期现脱节。替代品及升贴水交割的意义如图12-4所示。

图12-4　替代品及升贴水交割的意义

我们在进行基差分析的时候，要知道盘面价格反映的永远是交割成本最低的那部分货的价值，有时候未必反映的是标准品的价格，否则选错了标的的交割品质或者参考价格，往往容易做出错误的判断。

## 12.3 基准交割仓库所在地

我们都知道基差=现货价格-期货价格,但这里面有两个问题:第一,以什么品质的价格作为现货价格参考的基准,为了解决这个问题,交易所一般对交割的标的设置标准品和替代品以及升贴水;第二,以哪个地区的现货价格作为参考,为了解决这个问题,交易所会对商品交割的地区进行相应的规定,分为基准交割仓库所在地和非基准交割仓库所在地,同时对基准仓库和非基准仓库设置相应的升贴水。

所以,我们在计算基差的时候,首先要确定以哪个地区的现货价格为准,主要参考基准交割仓库所在地的现货价格;其次是参考符合交割要求的标准品的现货价格,然后看替代品价格,但是在计算基差的时候,需要将替代品的升贴水考虑在内;最后,我们还需要将对应的现货价格折成盘面价格,例如螺纹钢的磅差问题,铁矿石、焦炭等的含水分等问题,都需要进行一定的计算处理,得到一个现货折盘面价格,然后减去期货价格,才能得到较为准确的基差。计算基差的主要步骤如图12-5所示。

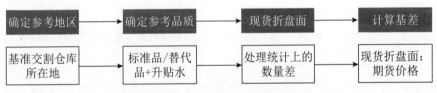

图12-5 计算基差的主要步骤

从交割的角度来讲,交割仓库的设置具有非常重要的意义。期货交割的双方为买方和卖方,期货基准交割仓库所在地如果是在主要的产区,即对卖方有利,那么你会发现,仓库往往会生成大量仓单,而买方如果距离基准交割仓库所在地非常远的话,那么就会造成这个品种出现卖方交货的意愿非常强烈,而买方接货的意愿非常弱,盘面上就容易出现仓单的量非常大,而期货价格一般非常弱,长期处于熊市状态。

相反,如果期货的基准交割仓库所在地是在主要的销区,即对买方有利,那么买方接货的意愿非常强烈,而卖方如果距离基准交割仓库所在地非常远的话,就会导致卖方注册仓单去交割的积极性非常差,从而会出现买方接货意愿非常强烈,卖方交货意愿非常差,盘面上几乎没有什么仓单,但是主力合约的持仓量却不断增大,从而容易发生资金的逼仓行情。交割仓库所在地不同的影响如图12-6所示。

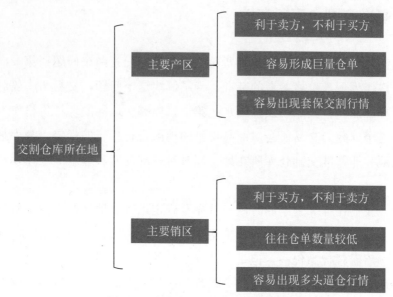

图12-6 交割仓库所在地不同的影响

除了将交割仓库设置在主要的产区或主要的销区之外,交易所通常也会将交割仓库设置在主要的港口,港口物流运输比较方便,利于贸易商去卖货或者买货,对于多空双方来说相对公平一些。所以像日照港、天津港、连云港、张家港等一些沿海城市的港口地区,往往也是不同商品期货的基准交割仓库所在地,是可以参考的重要价格地区。

此外,交易所从生产者的角度去考虑,可能把主要的交割仓库设置在相应的产区;从消费者的角度去考虑,可能把主要的交割仓库设置在相应的销区;从贸易商的角度去考虑,可能把主要的交割仓库设置在主要的港口。

交易所在规定交割商品的标准时,也会选择一些知名品牌,而这些产品也是由相应的公司生产出来的,从而方便这些公司参与期货套保,也设置了厂库交割的制度,允许这些信用较好、生产品质较好的大厂直接在厂内生产仓单,不必去相应的交割仓库注册仓单。而且基于这些大厂的信用,交易所甚至还给予它们一定的信用,即所谓的信用仓单制度,即使这些大厂还没有生产出相应的商品,但是在交割之前,按照正常的生产经营活动,是可以生产出对应数量并且满足交割要求的商品,因此,它们可以在没有生产出实际商品的情况下,基于自身信用,在无货的情况下,通过缴纳一定的保证金,即可申请注册相应的仓单。

所以,作为交易者,我们要了解我们所交易的商品基准交割仓库的分布情况,交割仓库主要分布在产区、销区、港口还是厂库,产区仓库和厂库往往利于卖方而不利于买方，仓库交割往往利于买方而不利于卖方。

在面对交割的时候，我们要和有利的一方站在一起，在分析仓单的时候，我们需要看一下，仓单的分布是产区仓单、销区仓单还是仓库仓单等，从仓单的结构中来分析卖方、买方、厂商以及贸易商在不同价格下的不同心理，而不仅仅是看仓单的数量。

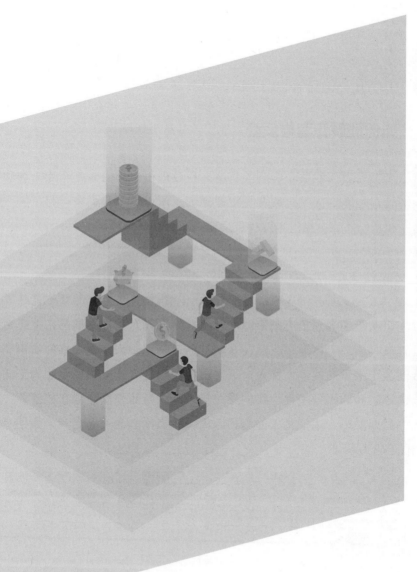

# 第13章 跨期套利的核心逻辑

## 13.1 如何理解正套与反套

有很多交易者问我关于套利的事情,我发现很多交易者甚至连正套和反套都不是很清楚,也有的人死记硬背、生搬硬套,所以本节我们来一起了解一下正套和反套。我从以下三个维度来解释正反套:

- 时间维度→跨期套利
- 产业链维度→跨品种套利
- 贸易流维度→跨市套利

首先,从跨期套利角度来讲。通常情况下,只有先拥有商品,才有对商品的卖出处置权。人们可以通过生产、采购甚至借贷现货来实现最终的卖出交割,这种符合商品正常流向的近期买入、远期卖出的套利方式,我们称之为正向套利。同样,由于时间的不可逆性,我们无法让未来的商品来满足现在的需要,所以期货市场中近期卖出、远期买入的套利方式,我们称之为反向套利。跨期套利的正反套如图13-1所示。

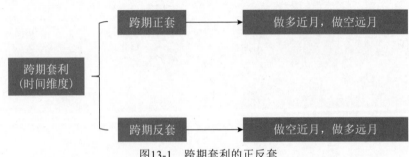

图13-1 跨期套利的正反套

其次,从跨品种套利角度来讲。在跨品种套利当中,整个产业链分为原材料、产成品。产成品是由原材料生产和加工而来的,所以做多原料、做空成品属于正向套利；反之，做空原料、做多成品属于反向套利。我们以常见的大豆产业链来说，做多大豆、做空豆油豆粕属于正向套利，而做空大豆、做多豆油豆粕就属于反向套利。跨品种套利的正反套如图13-2所示。

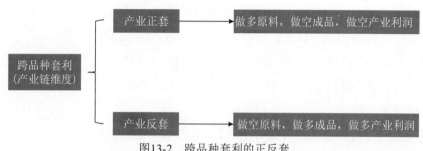

图13-2　跨品种套利的正反套

最后，从跨市套利角度来讲。在跨市场套利中，正向套利的意思是做多国外，做空国内。之所以称之为正向套利，原因在于中国是净进口国，净贸易流方向为国外到国内。正向套利的实物逻辑在于进口贸易流，做多国外同时做空国内，意味着从国外买入，再卖到国内，与贸易流方向一致。跨市套利的正反套如图13-3所示。

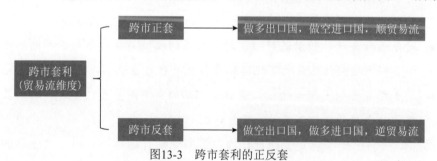

图13-3　跨市套利的正反套

以棉花为例，国内棉花价格一直高于美棉的原因有两个：一是国内棉花种植的机械化程度不高，种植成本远超美国；二是中国和美国对棉花种植的扶持政策存在差异，美国直接补贴棉农，而国内则是通过发改委国储局的棉花收抛储政策来影响市场供给，进而维持价格稳定，达到保障棉农利益、调控国内棉价的双重目的。

所以，每年我们国家都会从美国进口一部分棉花，贸易流是从美国流向中国，所以做多美棉，做空郑棉，这就属于跨市套利中的正向套利。当然，棉花和白糖这两个品种都是配额制的，在一定程度上会受政策的干预和影响。

我相信通过上文以及相关的例子，大家对正向套利与反向套利的基本概念就会很清楚了，关于何时正套何时反套以及套利的具体步骤，我们在以后的章节中再详细介绍。

## 13.2 跨期套利常见的四种逻辑

任何一个期货合约从最初上市到最终进入交割月，在不同的时间段内，其主要矛盾是不同的，或者说驱动逻辑是不同的。因此，我们需要对不同月份的合约区别对待，根据其距离交割月的远近，选择不同的交易逻辑。

对于期货合约的划分，据我个人观察和总结，我把一个期货合约距离交割月的远近分为三个主要阶段：远期合约、近期合约、即期合约。具体的划分标准和解释说明如下：

(1) 远期合约：距离交割月2个月以上，离交割月较远。

(2) 近期合约：距离交割月1～2个月，离交割月较近。

(3) 即期合约：距离交割月1个月之内，即将进入交割月。

当我把同一个期货合约按照距离交割月的远近进行划分之后，我的任务就是去寻找在不同的时间段影响这个合约价格的核心逻辑是什么：

- 对于远期合约，驱动的核心逻辑是成本以及库存的变化趋势，所以我们要关注的因素主要是商品的成本利润情况以及库存的变化趋势。
- 对于近期合约，驱动的核心逻辑是基差的收敛与库存绝对水平的高低，所以我们主要关注基差的变化与库存的绝对量有多少。
- 对于即期合约，驱动的核心逻辑是仓单的交割与基差的修复，所以我们主要关注仓单的变化与基差的修复情况。

既然，我们已经了解到了期货合约在距离交割月远近不同时，其驱动的核心逻辑也是不同的，并且我们能够找到对应时间段核心的驱动逻辑，这对于我们做交易来说是非常有帮助的，无论是做单边投机，还是做跨期套利，我们都应知道在这个时间段市场核心的逻辑是什么。

我个人做交易时喜欢找到对应的安全边际，关于跨期套利，我总结了四个安全边际或者说是交易逻辑：

第一个是仓单逻辑，做跨期套利要顺应仓单逻辑。因为做套利往往需要持有一定的时间，有时候需要持有到合约成为即期合约，在合约成为即期合约时，产业客户交不交货、接不接货对期货价格的影响是非常大的，而仓单的变化情况反映的是产业客户的行为。

例如，如果产业客户打算卖出套保，那么仓单就会大量生成，对于近月合约来说，多头面对巨量的仓单交割压力，只能认怂跑路了，把多头头寸转移到远月合约，从而导致近月合约由于多头主动减仓而下跌，远月合约由于多头主动移仓而上涨，从而有利于形成正向的市场结构。在这种情况下就适合去做反套。

再举个反例，如果产业客户打算买入套保，那么近月合约的持仓量往往会很大，相反仓单的数量却非常少，空头面对如此巨量的接货资金，由于没货交割，只能认怂跑路了，把空头头寸转移到远月合约，从而导致近月合约由于空头主动减仓而上涨，远月合约由于空头主动移仓而下跌，从而有利于形成反向的市场结构。这种情况下适合做正套。

所以从仓单的交易逻辑来做跨期套利，我的做法就是两句话：巨量仓单做反套，少量仓单做正套，如图13-4所示。

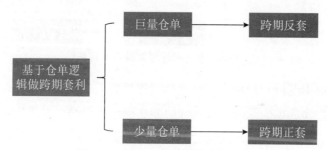

图13-4　基于仓单逻辑做跨期套利

第二个是基差逻辑。基差的逻辑就比较简单了，对于近月合约来说，主要矛盾是基差修复，而远月合约更多地受预期的影响，所以近月合约贴水时，通常适合做正套；相反，近月合约升水时，通常适合做反套。其实，这种跨期套利的逻辑，本质上和单边交易中参与基差修复行情是一样的。

总结一下，从基差的交易逻辑来做跨期套利，我的做法就是：贴水做正套，升水做反套，如图13-5所示。

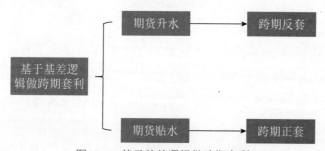

图13-5　基于基差逻辑做跨期套利

第三个是库存逻辑。库存是我非常喜欢的一个指标，也是对期货价格影响最大的基本面因素之一。在高库存的情况下，现货市场供应充足，现货价格相对疲软,从而导致近月合约价格往往较弱,所以更加利于做反套,市场结构通常是正向的;相反,在低库存的情况下,现货市场供应紧张,现货价格相对坚挺,从而导致近月价格往往强势,所以更加利于做正套,市场结构通常是反向的。

总结一下,从库存的交易逻辑来做跨期套利,我的做法就是:低库存做正套,高库存做反套,如图13-6所示。

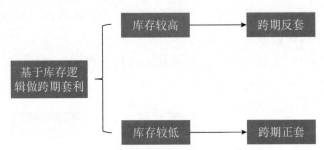

图13-6 基于库存逻辑做跨期套利

第四个是成本逻辑。最原始的跨期套利就是基于成本逻辑,代表理论是持仓成本理论。由于持仓成本的缘故,远月合约要高于近月合约,如果远月价格减去近月价格低于持仓成本,就存在做反套的机会;如果远月价格减去近月价格远高于持仓成本,就存在无风险的正套机会。这是最初的成本套利逻辑,如图13-7所示。

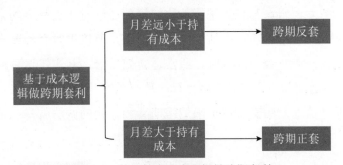

图13-7 基于持有成本逻辑做跨期套利

后来成本逻辑也经历了一定的发展,主要看进口成本,像矿石、豆粕、菜油、棕榈油这些品种主要看进口原料的成本,有对应的船期和升贴水报价,如果进口成本是反向市场,在正常的供求状态下,国内对应的商品也应该是反向市场,所以应当顺着进口成本的方向进行跨期套利。

我个人不太喜欢成本逻辑,因为这个太古老了,一方面我们很难估计出产业客户准确的持仓成本,另一方面获取一些商品的进口成本也相对麻烦一些,所以我很少去做成本逻辑的跨期套利,更多地做其他几个逻辑的跨期套利。

我们可以回想一下螺纹钢、甲醇等品种是不是很符合少量仓单做正套、低库存做正套、贴水做正套三大逻辑？再比如橡胶反套、油脂反套，是不是也很符合巨量仓单做反套、高库存做反套、升水做反套三大逻辑？

所以我建议大家在做跨期套利的时候，可以参考我上面说的这几个套利逻辑；做单边的时候，也可以根据我上面所说的合约在不同的时间段内驱动的逻辑不同进行相应的操作。

## 13.3 基于"库存+基差+利润"的跨期策略

如果一个交易者不想成为市场中的"韭菜"，那么就一定要学会独立思考和深入思考。独立思考让你避免随波逐流，深入思考能够让你推陈出新。可能对于一些不假思索的交易者，只记住了"库存+基差+利润+技术信号"的交易法则，至于为什么，他并没有理解清楚，未经思考的交易方法并不值得你去拿资金冒险。

浅层次思考的交易者不仅记住了"库存+基差+利润+技术信号"的交易法则，而且能够理解背后的逻辑，从而在实战中慢慢地灵活运用。深层次思考的交易者不仅掌握了"库存+基差+利润+技术信号"的交易方法，而且了解了分析期货的思路与逻辑，从而在这个思路的基础上总结更多的规律。

"库存+基差+利润"的交易理念也可以运用于单边的投机行情，可以得出这样的结论：

期货高升水+高库存+高利润+技术信号→择机做空

期货深贴水+低库存+低利润+技术信号→择机做多

至于为什么得出这个结论，在之前的内容中已经多次解释了。需要注意的是，国内商品期货主力合约基本上是1-5-9的形式，相隔4个月，由于前两个月期货波动比较大，不一定去进行基差修复，而进入后两个月，临近交割，期货的波动率会降下来，会迎来基差修复行情。基差修复行情是百分之百确定的事情，不确定的是基差修复的程度。当然，这样的结论也是我遭受过多次资金和心理上的煎熬才总结出来的。

因为，我曾发现这样的机会，但是离交割较远，即我在前两个月参与进去，结果由于过于自信，仓位偏重，总是拿不住单子，这让我一度怀疑自己判断方法是否错误。后来我发现，在临近交割的两个月内参与基差修复行情，可以在一定程度上解决这个问题。距离交割时间不同时行情的主导逻辑如图13-8所示。

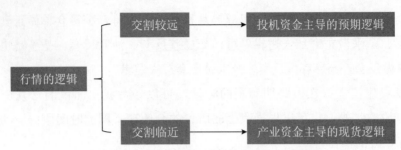

图13-8 距离交割时间不同时行情的主导逻辑

对于交易者来说,在交易过程中你会遇到各种问题或者困难,不要逃避,一定要学会直面一切问题,去思考和解决问题。对于不思考或者浅层次思考的交易者来说,当他们发现只在临近交割的两个月参与基差修复行情就已经兴奋不已,但深层次思考的交易者会去想,如何能够参与前两个月的行情,或者这个交易思路还能够如何演变?慢慢地,深层次思考的交易者会不断完善自己的交易武器。

其实,"库存+基差+利润"的交易理念同样可以无缝应用到跨期套利当中,在我没有形成自己的交易体系之前,我做套利一直有一个口诀:贴水做正套,升水做反套。当时,只是观察到似乎有这样一个规律,并没有一个完整的逻辑支撑。直到我发现"库存+基差"的交易理念之后,我发现,它不仅适用于做单边投机,更适用于做跨期套利,因此,"库存+基差+跨期套利"的交易法则可以总结如下:

期货深贴水+低库存+高利润→择机正套
期货高升水+高库存+低利润→择机反套

需要注意的是,跨期套利的两个核心矛盾是不同的:近月合约的核心矛盾是基差修复,远月合约的核心矛盾是预期变化,如图13-9所示。在期货贴水且低库存的情况下,如果做单边交易,应当是择机做多的,但由于利润或价格较高,单边做多存在较大风险,这个时候套利比单边好一些。

这种情况通常是由于预期比较悲观,远月合约价格低于近月合约价格,所以当价差较小时,择机做正套基本上不会亏钱。例如供给侧改革以来的螺纹钢就是这种情况,由于期货贴水较多,现货库存较低,这就决定了现货相对坚挺,在这种情况下近月合约难以出现趋势性下跌,如果做单边,容易频繁被止损;由于产业利润偏高,经济下行,所以市场预期比较悲观,远月价格偏低。需要注意的是,预期一旦形成短时间内容易被强化,不容易被转化。

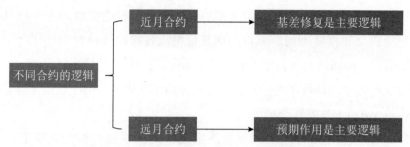

图13-9　近月合约与远月合约运行逻辑的不同

因此，当出现利好消息时，会刺激近月合约的基差修复，而远月反应较弱；当发生利空时，远月合约悲观预期会被强化，下跌更多一些，而近月合约由于贴水较大，迫于基差修复的压力，下跌有限。这种情况下做正套比做单边更好一些。这就是"期货深贴水+低库存=择机正套"背后的交易逻辑。

同理，在期货升水且高库存的情况下，如果做单边交易，应当是择机做空的，但由于利润或价格较低，单边做空存在较大风险，这个时候套利比单边好一些。这种情况通常发生在当下与预期矛盾的情况下，当下悲观，未来看好。因此，远月合约价格高于近月。所以当价差较小时，择机反套基本上不会亏钱。

例如2017年以来橡胶就是这种情况，库存和仓单都是历史高位，期货还升水，但是由于价格处于历史低位，产业亏损，割胶积极性不高，如果单边去做空，容易频繁被止损；由于价格低估，同时2013年之后新增种植面积大幅减少，所以未来预期看涨，因此远月合约价格高于近月。

当发生利空时，出于基差修复的需要，近月合约下跌动能更大，远月合约反应较弱；当发生利好时，会进一步强化远月的预期，远月上涨动能更大，而近月由于基差修复的压力，上涨有限。这种情况下做反套比做单边更安全一些。这就是"期货高升水+高库存=择机反套"背后的交易逻辑。

需要注意的是，做跨期套利和单边投机都需要注意交割制度，不合理的价差很多时候是由于交割制度的不合理导致的。此外，上述跨期交易逻辑并非总是正确，有时候我们需要比较基差和月差之间的关系来进一步判断做正套还是做反套更为合适。

## 13.4　跨期套利如何看着基差来做月差

现货价格反映了当下现货市场上的供需情况，近月合约在一定程度上能够反映现货价格的强弱，远月合约则很少能够反映现货价格的强弱。由于近月和远月合约对现货的反映程度不同，所以当现货价格走强时，近月合约往往会比远月合约反应更剧烈，back结构下月差就会拉大，contango结构下月差就会缩小。反之，当现货价格走弱时，近月合约往往会比远月合约下跌更多，back结构下月差就会缩小，contango结构下月差就会扩大。

所以，看着基差做月差的常规思路就是：基差走强，做跨期正套；基差走弱，做跨期反套，如图13-10所示。此外，对于一些季节性规律比较明显的品种，我们需要去研究其基差的季节性规律，根据基差的季节性规律来选择跨期正套或者跨期反套。

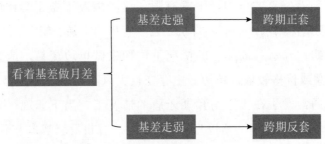

图13-10　看着基差做月差的基本方法

因此，看着基差做月差的基本原理就是：近月合约和远月合约对现货的反映程度不同，现货走强时近月合约会强于远月合约，现货走弱时近月合约会弱于远月合约。看着基差做月差的判断依据就是：现货走强时往往容易导致基差走强，现货走弱时往往容易导致基差走弱，根据基差的强弱变化来选择月差的交易方向。

在back结构下，现货价格高于近月价格，近月价格高于远月价格，基差等于现货价格减去近月价格，月差等于近月价格减去远月价格。在back结构下做正套，近月合约的盈利空间就是基差，由于短期期限结构一般不会发生改变，所以预期最大亏损就是月差，所以back结构下选择正套的盈亏比就是基差/月差。

在back结构下做反套，近月合约的预期亏损就是基差，由于短期期限结构不会发生改变，预期最大的盈利是月差，所以back结构下选择反套的盈亏比就是月差/基差。back结构下做反套想要盈利，一般需要现货走弱，松动下跌，从而带动基差走弱。back结构下看着基差做月差如何判断胜率和盈亏比如图13-11所示。

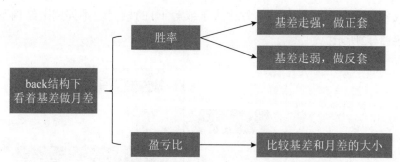

图13-11　back结构下看着基差做月差如何判断胜率和盈亏比

在contango结构下，期货价格高于现货价格，远月价格高于近月价格，基差等于现货价格减去近月价格，月差等于近月价格减去远月价格。在contango结构下做正套，由于短期期限结构不会发生改变，所以预期盈利空间为月差，最大的风险来自于做反了发生基差修复，所以盈亏比是月差/基差。这种情况下如果现货开始走强，带动近月走强，那么月差会开始缩小，正套盈利，我们可以通过判断现货上涨向期货来修复的概率来判断胜率。另外，contango结构下的月差如果full carry(持仓成本全覆盖)持有成本，那么对于产业客户来说，就会存在正向市场近似无风险套利的机会，不过现在这种机会已经太少了。

在contango结构下做反套，近月合约的预期收益就是基差修复，由于短期期限结构不会发生改变，所以预期最大的亏损是月差，所以contango结构下选择反套的盈亏比就是基差/月差。在contango结构下做反套想要盈利，一般需要卖方交仓意愿强烈，而买方接货能力和意愿较差，从而期货向现货修复，所以我们需要判断期货向现货修复的概率，这就是contango结构下做反套的胜率。

无论是做单边交易还是做套利交易，交易者最关心的无非就是三件事：信号、盈亏比、胜率。跨期套利的盈亏比用基差和月差的比值来判断，一个前提假设就是短期之内商品的期限结构不会发生改变，除非商品的基本面发生根本性的逆转；另一个特点就是当商品在进入交割月之前就完成了基差修复，往往会导致行情发生逆转。所以跨期套利就是在期限结构不发生改变的前提下，用基差去赌月差，或者用月差去赌基差。

所以，在back结构下，如果基差大于月差，做正套的盈亏比大于1；基差等于月差，做正套的盈亏比等于1；基差小于月差，做正套的盈亏比小于1。在contango结构下，如果基差大于月差，做反套的盈亏比大于1；基差等于月差，做反套的盈亏比等于1；基差小于月差，做反套的盈亏比小于1。可见，在不同期限结构下选择正套或者反套时,最好选择盈亏比大于或等于1的机会。不同期限结构下盈亏比情况如图13-12所示。

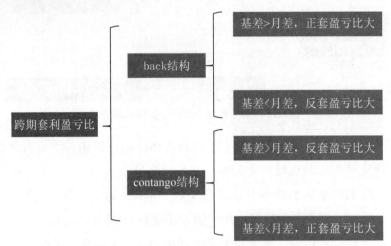

图13-12  不同期限结构下根据基差和月差比较盈亏比

除了盈亏比之外,胜率也是交易者比较关心的问题。对于胜率的判断,交易者可能会采取不同的方式,例如在back结构下,如果交易者通过低库存+低利润等指标判断期货上涨向现货修复的概率大一些,那么对应的策略就是选择正套;如果交易者通过高利润+高开工等指标判断现货下跌向期货修复的概率大一些,那么对应的策略就是选择反套。

胜率的核心就是判断基差修复的方向,是期货向现货修复,还是现货向期货修复。交易者判断的方法或者依据的指标以及逻辑各不相同,从而得到的主观概率不同,所做的交易决策也不同。

当然,普通交易者可能很难获得诸如开工率、产量、库存、利润等产业相关的数据,那有没有一种方法可以化繁为简,直接作为交易信号去判断。我想了一下,基差可能是一个不错的信号。以back结构为例,当现货不断走强,带动基差不断走强时,适合做正套,这个时候基差不断拉大,与此同时月差也在不断拉大,正套盈利;当基差拉大到一定程度到达了极限,基差不再继续走强,反而开始走弱了,此时适合做反套。

因为基差走弱可能预示着现货见顶,后期可能是现货下跌修复基差,也可能是近月涨一点,然后和现货一起下跌,但现货下跌大于近月合约来修复基差,无论是哪种情况,其结果都是基差走弱,正基差越来越小。所以,在back结构下,预期基差走强,可以选择做正套;预期基差开始走弱,可以选择做反套。

再以contango结构为例，当现货不断走强，带动基差不断走强时，适合做正套，这个时候基差的绝对值不断缩小，与此同时月差的绝对值也在不断缩小，正套盈利；当基差的绝对值缩小到一定程度，达到了极限，基差不再继续走强，反而开始走弱了，此时适合做反套。

因为这个时候基差走弱可能预示着现货阶段性反弹见顶，后期可能是现货下跌带动期货下跌，期货跌幅大于现货跌幅来修复基差，也可能是期货直接下跌来修复基差，无论哪一种情况，其结构都是基差走弱，负基差的绝对值越来越大。所以，在contango结构下，预期基差走强，可以选择做正套；预期基差走弱，可以选择做反套。

所以，在基差走强的情况下，back结构的曲线会变得更加陡峭，利于做正套；contango结构的曲线会变得更加平缓，利于做正套；在基差走弱的情况下，back曲线的结构会变得平缓，利于做反套；contango结构的曲线会变得陡峭，利于做反套。整个分析过程如图13-13所示。

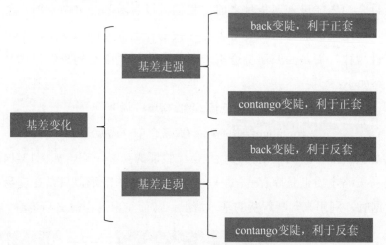

图13-13　基差变化与期限结构斜率的关系

所以，从期限结构、跨期策略、盈亏比、胜率、判断指标分析下来，我们可以简单地做如下总结：

上面的跨期套利思路就是，期限结构在短期不会发生改变，而基差强弱的变化会导致期限结构的陡峭或平缓程度发生变化，从而导致基差和月差发生相对变化。基差强弱的变化可以作为判断方向的一个胜率指标，再去寻找盈亏比较合适的机会去参与。

而上述这种跨期套利的思路就是在假设期限结构不发生变化的情况下，用基差作为风险去赚月差变化或者用月差作为风险去赚取基差变化，所以根据基差和月差的比值得到跨期套利的盈亏比。这样一来，整个交易的策略、盈亏比、胜率、信号都有了。

需要注意的是，期限结构未必不会发生变化，只不过期限结构发生变化往往是一个比较缓慢的趋势，所以在大多数时候，还是建议顺着期限结构去做跨期套利的方向选择，因为这样胜率更高一些。对于潜在期限结构可能发生变化的品种，我们就不能完全依据期限结构来做跨期套利，跨期套利的思路就需要转换。

## 13.5 期限结构与库存仓单验证的跨期策略

当我们对商品的基本面不是很了解时，往往直接利用期限结构进行辅助判断，所以也有交易者认为，期限结构反映一切，升贴水反映一切。因此，我们也可以利用期限结构来思考跨期交易策略。

在近月合约未能进入现货月之前，我们可以看着基差来做月差，主要参考季节性规律，但是在商品进入现货月之后，我们往往需要回归现实，不再参考预期或者季节性规律，而是回归现货逻辑，因此，利用期限结构来做跨期套利，核心的操作思路如下：

back结构+低库存/低仓单→做正套

contango结构+高库存/高仓单→做反套

这也是我所推荐的期限结构+库存/仓单验证的交易策略，如图13-14所示。其实这个交易策略本质上是库存+基差+利润交易策略的变形，只是在交易者没有现货相关数据时，利用来判断现货的基本情况，从而得出这样的交易策略。

图13-14 期限结构+库存/仓单验证的跨期逻辑

因为当近月合约进入现货月之后，我们采取现货交割行情的思路去对待跨期套利，低库存/低仓单的情况下，市场往往货源紧张，空头可能面临缺乏交割可能性的货源，盘面上就容易出现逼仓，就算有时候看似库存很高，但是多头联合起来大量控制货源，也有可能导致空头无货可交。

所以当商品进入现货月之后，如果是back结构，最好是以正套为主，即使库存比较高，我个人也不太建议去做反套。高库存不等于现货价格会下跌，尤其是在面临基差修复的特殊时刻，也有可能交割之后现货才松动。

需要注意的是，原则上使用库存比仓单更加有效一些，因为仓单往往具有欺骗性。因为，我们所看到的期货交易所公布的席位持仓，主要是期货公司席位持仓的情况，但是还有很多非期货公司席位的持仓我们无法看到，而这些持仓往往是大的产业客户，例如钢厂，往往在交割月最后一两个交易日才生成大量仓单，而进入交割月之前一直显示仓单较低，如果单纯看仓单就容易做出错误决策。

所以，库存指标比仓单指标更加可靠一些，在无法获得库存数据的情况下，我们退而求其次，可以参考一下注册仓单的数据，在库存和仓单数据均可得的情况下，建议将库存和仓单指标综合起来参考。低库存和低仓单同时满足时，交易的胜率更高；库存指标和仓单指标矛盾时，交易的胜率低一些。

对于contango结构，如果库存比较高或者仓单比较多并且仓单到期无法转抛，这种情况下可以做反套，因为期货升水同时存在大量仓单和库存，几乎不太可能出现逼仓，而可能出现空头大量交仓，多头往往由于接货能力不足或者接货意愿较差，会导致近月合约往往非常弱势。

所以，当近月合约进入现货月之后，不太建议去参考基差强弱，而是去判断多空双方的交货或接货意愿以及交货或接货的能力。空头交货能力弱，多头接货意愿强，则做正套；多头接货能力弱，空头交货意愿强，则做反套。

## 13.6　基于预期逻辑的跨期套利

期货交易可以有体系和框架，但是并没有一成不变的方法，并不是说back结构下就一定只能做多或者做正套，contango结构下就一定只能做空或者做反套，并不是如此！交易策略取决于当下的客观情况、距离交割的时间、未来的预期、盈亏比以及胜率状况。所以，我们的交易策略也需要灵活自如，下面介绍一些与之前交易思路不太一样的交易思想。

以PTA为例，从2019年7月来看PTA是back结构，主力合约是TA1909合约，远月合约是TA2001和TA2005合约，下个月就是8月了，TA1909合约进入了现货月，对于09合约来说，这个时候金融属性基本消退，商品属性开始凸显，所以你不能再做什么预期逻辑了，而应该选择做产业逻辑。

如果你做单边，在TA1909合约贴水的情况下，你是风险偏好者的话，你可以选择逢低单边做多TA1909合约，因为期货贴水较大，如果库存较低或者大厂控货挺价，有可能发生逼仓，产业和资本结合最可怕的是欺负你没货；你是风险厌恶者的话，可以选择做TA91正套。所以当你做近月主力合约的跨期套利时，近月合约的逻辑一般是产业逻辑，远月合约的逻辑是预期逻辑，要注意安全边际。

因此，当我们参与的是近月主力合约和次月主力合约时，我们往往以现货逻辑为主，可以按照期限结构+库存/仓单验证的逻辑去配置跨期套利策略。

相反，如果你现在不参与TA1909合约，而选择TA2001和TA2005合约进行套利，如果按照back结构来讲，你应该做正套，但问题是到时候back结构会不会变成contango结构，因为这里面存在一定的时间间隔，谁也不确定是否会发生供应过剩。但从2019年9月之后TA陆续有一些产能投放，根据一些期货公司做的月度供需平衡表，你认为09合约之后，PTA的供需情况会发生改变，甚至转为过剩。

所以在TA1909合约是主力合约的情况下，你去做远月TA2001-TA2005合约的跨期套利，可以结合着产能投放预期去做TA1/5反套，back结构下的反套，这其实就是做预期，预期到时候供应过剩，期限结构发生改变。其实你会发现，过去一段时间TA1/5价差曾经跌到负值区域了，后来随着TA1907合约逼仓，现货走强，市场又开始走正套逻辑了。

这就是一个根据产能投放进度做远期价差套利的例子，不参与近月主力合约，远月合约都是预期主导的，由于产能投放之后，你认为市场从供求紧平衡变为供应过剩，供应过剩的情况下，back结构一般会逐步变为contango结构，你去空近多远，尤其是现货大幅下跌来配合，现货跌得比期货还快，最终真正变成contango结构。逆期限结构做预期交易逻辑如图13-15所示。

再以鸡蛋为例介绍季节性规律套利，凡是你打算做预期的，就尽量避开近月主力合约，鸡蛋这个品种一般09合约最强，01合约次之，05合约最弱，以2019年为例，09合约是主力合约，你要根据季节性规律做偏预期性质的跨期套利，可以选择参与JD1/5套利，就直接买强卖弱，多01空05。

图13-15　逆期限结构做预期交易逻辑

从历史情况来看，JD15价差一般容易走高一些，2019年在非洲猪瘟的影响下，鸡蛋价格高于往年，所以不排除JD15价差会继续大幅走高。当鸡蛋01合约成为主力合约时，你可以继续去做预期，就是去做JD59反套。总而言之，你要基于预期去做跨期套利，合约的选择规避近月主力合约，套利的方向可以根据合约季节性强弱规律选择，也可以根据产能投放进度去选择，如图13-16所示。

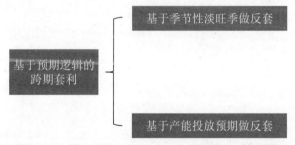

图13-16　基于预期逻辑的跨期套利常用的两个逻辑

因为纯做预期的跨期套利和做主力合约和次主力合约的跨期套利的逻辑不同，后者尽量选择正套，避免被逼仓，前者可以灵活考虑做一下正套或者反套，主要需要根据合约在不同的阶段逻辑不同，区别对待，而不是死盯着某个套路去做。

另外，这里顺便介绍一下正向市场无风险套利的一个思路，这是过去国外一些商品价差交易者所使用的一种方式。根据持有成本理论，远月合约的价格等于近月合约价格加上持有成本，在contango结构下，如果近远月价差等于持有成本，我们就说是full carry。在早期，外国投资者认为近远月价差不会超过full carry的情况，因为一旦超过之后，就会给产业客户提供无风险套利机会。

那么外国投资者一般采取什么方法来做呢？当近远月价差达到full carry水平的80%甚至90%时，选择做contango结构下的正套，他们认为风险可能是full carry剩下的那20%或者10%，收益可能无限，因为contango可能变成back结构。

但是，这种操作方法如果用在国内，我觉得需要注意两个问题：第一，能否转抛的问题，即交割制度的限制，例如橡胶09合约(指橡胶9月合约)无法转抛到01合约，就不适合这个逻辑；第二，空头逼仓问题，也可能导致近远月价差拉大。

尤其是你可能还需要比较一下基差和价差的大小，如果近月合约升水比较高，尽管价差达到了full carry的80%或者90%，但是基差更大，风险还是不小的，高升水+高库存，还是不敢做正套。

所以，我的建议是，如果做基于正向市场无风险套利逻辑，同样需要规避近月主力合约，而是选择远月和次远月合约去做，当价差达到full carry的80%甚至90%时，选择contango结构下的正套。这些都是有悖于我之前跟大家说的back结构做正套，contango结构做反套，合约选择不同，逻辑不同。

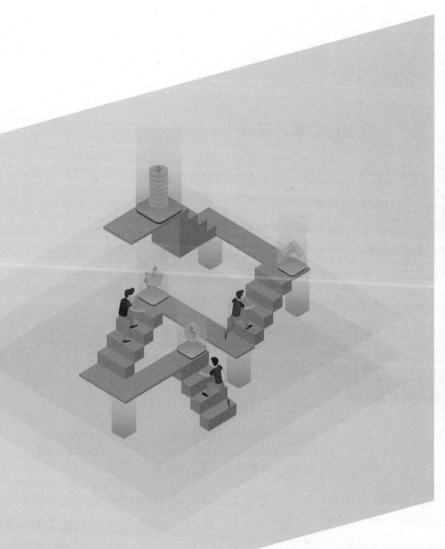

# 第14章 跨品种套利的交易思路

## 14.1 基于产业利润的套利逻辑

西方经济学理论告诉我们,在完全竞争市场下,任何一个行业高利润不可持续,因为高利润吸引了更多生产者进入这个行业,从而生产出更多商品,供应会大幅增加,与此同时,高利润的背后往往是商品的高价格,而高价格天然地会抑制需求,在供应增加、需求受到抑制的情况下,商品的价格就会开始回落,随着商品价格的回落,产业利润会不断下降,从而恢复到合理的利润水平。高利润不可持续的原因如图14-1所示。

图14-1　高利润不可持续的原因

当然,需要注意的是,对于一些垄断或者政策扶植的产业,上述逻辑实现的周期可能更长一些。例如,在供给侧改革的影响下,钢厂高利润持续了近三年时间,在这种情况下做空钢厂利润就比较困难。有一类产业比较适合做空高利润,那就是门槛低、周期短的产业,例如蛋鸡养殖,门槛不高,蛋鸡生长周期较短,只要行业利润较高,养殖户纷纷冲进来了,供应马上就能恢复,把高利润给挤压下来。

同样的道理,在完全竞争市场情况下,任何一个行业的严重亏损也是不可持续的,由于产业利润亏损严重,导致行业内的一些生产商纷纷开始退出这个行业，使得行业生产出来的商品减少了，供应会大幅下降，与此同时，产业利润亏损的背后往往是低价格，而低价格天然地会刺激需求，在供应减少、需求受到刺激增加的情况下，商品的价格开始回升，随着商品价格的回升，产业利润会不断增加，最终恢复到合理的利润水平。长期亏损不可持续的原因如图14-2所示。

图14-2　长期亏损不可持续的原因

因此，基于产业利润的逻辑，我们可以选择做产业利润回归的套利，我们认为高利润不可持续，从而选择做空高利润；我们认为严重亏损也是不可持续的，从而选择做多低利润。但是，想要做多或者做空产业利润，我们必须搞清楚产业链的上下游关系，即哪些品种是原料，哪些品种是产品。做多产业利润就是做多产成品，同时做空原材料；做空产业利润就是做多原材料，同时做空产成品。

例如，最常见的就是大豆压榨产业利润的套利，原料是进口大豆，对应国内期货品种是豆二，产成品主要是豆粕和豆油。当压榨利润亏损比较严重的时候，我们可以考虑做多产业利润，即做多成品端的豆粕和豆油，同时做空原料端的豆二；反之，当压榨利润比较高的时候，我们可以考虑做空产业利润，即做空成品端的豆粕和豆油，同时做多原料端的豆二。

之前一些交易者选择做空豆一，这是错误的，因为豆一为国产非转基因大豆，豆二才是进口大豆，而目前国内压榨产业的原料几乎全是进口大豆，所以原料端应该用豆二进行对冲。

然而，由于豆二的持仓相对较少，而豆粕和豆油的持仓相对较大，所以一些做套利的资金并没有直接选择去参与豆二这个品种，而是直接选择豆油和豆粕两个品种进行参与。由于压榨企业的利润来源主要是豆粕，而非豆油，所以当油厂利润较差的时候，往往会选择挺粕价，而不是挺油价。

因此，对于套利资金来说，做多压榨利润也可以变相选择做空油粕比，即做多豆粕，同时做空豆油；反之，当油厂利润较高的时候，对于套利资金来说，可以选择做空豆粕，同时做多豆油，即做多油粕比。

农产品产业链上除了压榨套利之外,还有玉米和玉米淀粉的套利,显然玉米是原材料,玉米淀粉是产成品。同样的道理,当加工利润较高的时候,我们选择做空加工利润,即做多玉米做空玉米淀粉;当加工利润较低的时候,我们选择做多加工利润,即做空玉米做多玉米淀粉。不过由于行业的特殊性,目前玉米淀粉的加工基本上都是长期亏损的。

另外,我们还可以参与棉花和棉纱的套利,同样是当加工利润较高时,我们可以选择做多棉花,做空棉纱,来做空加工利润;反之,当加工利润较低时,我们可以选择做空棉花,做多棉纱,来做多加工利润。不过现在棉纱的持仓量相比棉花的持仓量来说实在是太小了,棉纱期货的流动性差一些,交易时滑点可能会大一些。

除了农产品之外,黑色系产业链的套利也是非常经典的,因为这个产业链上的品种大部分都是交易所上市的期货品种,所以在盘面上进行基于利润逻辑的套利也是相对方便的。对于焦化企业来说,原材料是焦煤,产成品是焦炭,当焦化利润较低的时候,我们可以考虑做多焦化利润,即做多焦炭做空焦煤;当焦化利润较高的时候,我们可以考虑做空焦化利润,即做多焦煤做空焦炭。当然,焦化利润的高低需要我们对双焦比值进行长期跟踪,和历史同期情况进行对比。

黑色系产业链上还有一个比较经典的套利是螺矿比套利,这是钢厂利润问题。钢厂高炉炼铁的主要原料是铁矿石,产品主要是螺纹钢,所以当钢厂利润较高时,我们可以考虑选择做空钢厂利润,即做多原材料铁矿石,同时做空产成品螺纹钢;反之,当钢厂利润较低时,我们可以考虑做多钢厂利润,即做空原材料铁矿石,同时做多产成品螺纹钢。所以螺矿比也是套利交易者经常跟踪的一个数据。

其实,严格来讲,如果做钢厂利润套利的话,其实是在焦炭、铁矿石、螺纹钢三者之间进行套利,一般情况下,在粗略地计算钢厂利润时,可以利用下面的公式进行计算:当前期货盘面上钢厂的利润=螺纹钢价格-1.6×铁矿石价格-0.5×焦炭价格-1200元/吨,其中铁矿是原料成本,焦炭是燃料成本。做多钢厂利润时,做多螺纹钢,做空铁矿石和焦炭;做空钢厂利润时,做空螺纹钢,做多铁矿石和焦炭。

能化产业链当中,一个比较经典的产业利润套利是MTO利润套利,即聚烯烃利润的套利。原料是甲醇,产成品是聚丙烯,这两个都是上市的期货品种,在计算MTO利润的时候,我们一般计算的是PP-3MA[①],因为理论上烯烃装置的利

---

① PP是聚丙烯,MA是甲醇。商品交易代码,详见附录。

润=PP-3MA+加工费。当MTO利润亏损时，我们可以考虑做多MTO利润，即做多PP-3MA的价差，反之，当MTO利润较高时，我们可以考虑做空MTO利润，即做空PP-3MA的价差，PP和MA开仓手数的配比可以按照2：3去进行相应的匹配。

因此，产业利润套利是做跨品种套利当中最简单的逻辑之一，它只需要交易者了解产业链的上下游关系，上游原材料是什么，下游产成品是什么，以及当下的利润是处于高利润、亏损还是正常利润状态。

产业利润套利的核心逻辑就是做产业利润的均值回归套利，但前提是需要找到利润出现均值回归的基本面逻辑以及相应的验证指标，而不能够盲目地去做利润回归。因为有时候产业结构发生变化，产业利润可能从上游向下游转移，从而导致下游长期高利润，这种情况下，再去盲目地做利润回归套利，就可能遭遇趋势性风险。

需要注意的是，在整个经济下行周期当中，第一个阶段往往是去利润，即各产业链上利润较高的品种下跌较多，高利润变成低利润甚至亏损；当高利润消失之后，就会进入第二个阶段，那就是去产量，上游纷纷停产，慢慢开始主动去库存；如果价格继续下跌，就会进入第三个阶段，即去产能，行业内一些成本较高的落后产能承受不了长时间的亏损，最终退出行业，进而市场出清。经济下行周期的三个阶段及做空的风险度如图14-3所示。

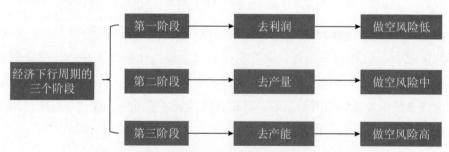

图14-3　经济下行周期的三个阶段及做空的风险度

需要注意的是，在经济下行周期的三个阶段中，做空去利润阶段的风险是最低的，其次是做空去产量，做空去产能阶段风险是最高的，因为随着市场出清，价格往往已经见底了，这个时候不宜再入场做空了。

## 14.2　基于伴生关系的套利逻辑

有时候同一产业链上的品种之间存在伴生关系，所谓关系是指，产成品是从同一种原料加工而来的，总是相伴而生，这类产品的价格往往存在此消彼长的关系，我们把这一类产品叫作伴生产品。

以大豆压榨产业链为例，进口大豆为原料，大豆压榨过程中同时产生豆油和豆粕，由于豆油和豆粕在大豆压榨过程中相伴而生，所以它们就属于伴生产品。伴生产品有一个重要的特性：一种商品走强，则另一种商品往往容易走弱。

以大豆压榨产业链为例(见图14-4)，当豆粕需求较好的时候，价格往往容易走强，这时候压榨企业为了满足下游对豆粕的需求而增加大豆压榨，从而产生豆粕，然而在产生豆粕的同时，导致豆油的供应被动增加，而豆油自身的需求并没有豆粕好，结果导致豆油库存进一步上升，价格进一步下跌。

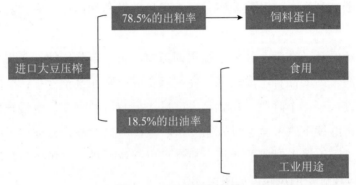

图14-4　大豆压榨产业链

所以，我们在做油粕比套利的时候，往往以豆粕的需求为出发点，豆粕需求好的情况下，价格容易走强，同时压榨企业会提高压榨开工率，生产豆粕来满足需求，同时豆油供应被动增加，由于豆油需求相对稳定，从而使得豆油被动累库，价格下跌，如图14-5所示。可见，在豆粕需求好的时候，往往是做空油粕比的好机会，即做多豆粕，同时做空豆油。

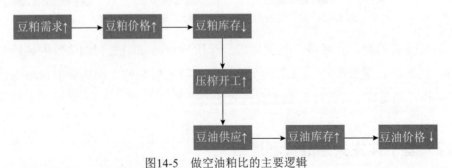

图14-5　做空油粕比的主要逻辑

相反，当豆粕需求较差的时候，豆粕价格往往容易走弱，同时压榨企业为了挺豆粕的价格会降低压榨开工率，此时，豆油供应被动增加的局面有所缓解，而豆油的需求相对稳定，从而使得豆油库存开始下降，价格开始上涨。所以在豆粕需求不好的时候，往往是做多油粕比的好机会，即做空豆粕，同时做多豆油。

早些年间，对于压榨企业来说，豆油是主要产品，而豆粕是副产品，那个时候对豆油的需求进入快速增长期，油粕比往往容易走高。然而，随着经济的发展，人们收入水平的提高，整个社会的饮食习惯开始发生变化，人们对豆油的需求相对减少，而对蛋白的需求不断增加，从而使得豆粕成为压榨企业的主要产品，豆油反而成了副产品，油粕比往往容易走低。

其实从压榨企业的名称就可以看出社会饮食习惯的变化，早些年间压榨企业叫作油厂，因为那个时候豆油是主要产品，而现在压榨企业才叫作压榨企业，因为现在豆粕是主要产品。所以从整个社会发展的大趋势来看，逢高做空油粕比更符合社会的饮食习惯。

除了大豆压榨产业链，黑色系产成品之间也存在这种类似的关系，例如螺纹钢和热轧卷板，这两种产品之间存在铁水的竞争。当螺纹钢的利润较高而热卷的利润亏损时，钢厂的铁水更多流向螺纹钢，从而导致螺纹钢的供应增加。在需求不变的情况下，螺纹钢价格下跌，螺纹钢利润开始下降，而热卷的供应减少，在需求不变的情况下，热卷的价格上涨，热卷利润开始回升，卷螺差开始发生变化，如图14-6所示。

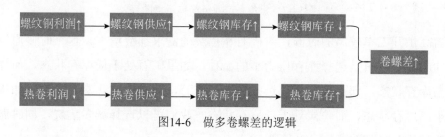

图14-6 做多卷螺差的逻辑

所以，当螺纹钢利润较高而热卷利润接近亏损的边缘时，这个时候比较适合做多卷螺差，即做多热卷做空螺纹钢。反之，当热卷利润较高而螺纹钢利润接近亏损的边缘时，这个时候比较适合做空卷螺差，即做空热卷做多螺纹钢。

其核心逻辑就是两种成品一个亏损一个盈利，铁水流向盈利的产品，从而导致盈利产品供应增加，亏损产品供应减少，两种成品的供求关系发生改变，从而使得价格发生强弱变化，进而使得卷螺差发生相应的修正。

不过，需要注意的是，如果两种商品都处于盈利状态，假设螺纹钢的利润高于热卷的利润，这个时候这种铁水竞争的逻辑往往不再成立，这是因为没有任何一种产品处于亏损的边缘，所以钢厂对高利润不敏感，生产两种成品都能赚钱，只是赚多赚少的问题，重要的是出货量，把这种账面利润通过销售变成实际利润。

所以，当两个成品都处于盈利状态，尤其是盈利状况不错时，我们不能做空高利润的，同时做多低利润的，因为钢厂对高利润不敏感，此时关键看两种商品各自的需求。

了解产业链产品之间的伴生关系，对于我们选择跨品种套利具有重要的意义。主要应从产成品端去了解产品之间的伴生关系，其实从生产端或者原料端来看，不同的原料之间也存在类似的关系，以高炉炼铁为例，原料主要是铁矿石，燃料主要是焦炭，一般生产1吨螺纹钢需要1.6吨铁矿石以及0.5吨焦炭。黑色系产业链简单示意图如图14-7所示。

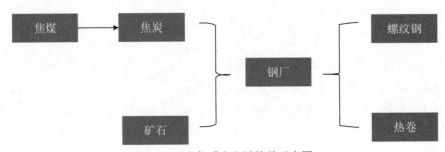

图14-7　黑色系产业链简单示意图

当高炉开工率较高的时候，对矿石和焦炭的需求都会增加，这个时候原料之间对冲的核心逻辑是选择库存压力小的品种。如果矿石处于低库存状态，而焦炭处于高库存状态，那么我们可以选择做多铁矿石，同时做空焦炭。反之，如果矿石处于高库存状态，而焦炭处于低库存状态，我们可以选择做多焦炭，同时做空铁矿石，从而实现原料之间的套利。

与之类似的还有聚酯产业链的PTA和乙二醇，这两个品种是生产聚酯的原料，当下游需求增加的时候，我们可以选择做多低库存的品种，同时做空高库存的品种，其实当需求下降的时候，我们依然可以选择做多低库存的品种，同时做空高库存的品种，这种套利组合可以长时间持有。聚酯产业链简单示意图如图14-8所示。

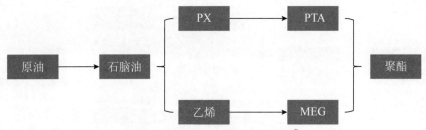

图14-8 聚酯产业链简单示意图①

2019年，PTA的库存处于较低水平，而乙二醇的港口库存处于较高水平，所以无论下游需求增加还是减少，PTA的价格都相对强于乙二醇，因为PTA处于低库存状态，而乙二醇处于高库存状态，所以我们选择做多PTA，同时做空MEG。

这种同一个产业链上的伴生产品或者伴生原料之间的套利往往风险更小一些，因为其相关性更大一些。在原料端主要比较哪个原料是低库存的，哪个原料是高库存的，原料端套利的逻辑是做多低库存的品种，同时做空高库存的品种；成品端的逻辑是做多需求好的品种，做空需求差的品种。

## 14.3 基于替代关系的套利逻辑

经济学告诉我们，商品有互补品和替代品之分。在期货市场中，也存在以替代为逻辑的跨品种套利组合，其中最为常见的就是三大油脂之间的替代。世界上使用最多的三大油脂分别是棕榈油、豆油和菜籽油，而这三个品种恰好都是国内上市的期货品种。

在三大油脂当中，菜籽油的价格是最高的，豆油次之，棕榈油的价格是最低的，三大油脂之间的价差往往维持在一定范围之内。以豆油和棕榈油为例，当豆油和棕榈油的价差超过了其正常的价差范围，就会导致棕榈油对豆油进行需求替代，即市场上棕榈油的需求增加，豆油的需求减少，从而使得棕榈油相对于豆油的价格走强，豆油和棕榈油之间的价差又恢复到正常的价差范围之内。豆油和棕榈油的替代逻辑如图14-9所示。

---

① PX，对二甲苯；PTA，精对苯二甲酸；MEG，乙二醇。

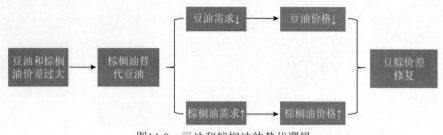

图14-9 豆油和棕榈油的替代逻辑

同样的道理,菜籽油和豆油、棕榈油之间也存在类似的替代关系,理论上三大油脂当中两两价差基本上都会维持在合理的范围之内,一旦超出了这个范围,就容易产生套利机会。

当然,理论和实际还是有差别的,尤其是在国内期货市场当中,对这种基于需求端替代逻辑的套利还是需要谨慎,因为有时候价差会拉大到超出交易者可以理解和接受的范围,进入交割月之前也无法修复,做这种套利就会遭受巨大的损失。

除了三大油脂之间的替代套利之外,豆粕和菜粕之间也存在类似的替代关系,我们知道豆粕是禽畜饲料的主要蛋白饲料,菜粕是水产养殖的主要蛋白饲料,两者之间也存在一定的替代关系。这里主要涉及一个单位蛋白含量的问题,当豆粕与菜粕单位蛋白价差为负数的时候,就会出现豆粕对菜粕的替代,这个时候去做多豆粕与菜粕的价差相对安全。那单位蛋白的价格怎么算呢?

假设现在豆粕1901合约价格为3045元/吨,菜粕1901合约价格为2196元/吨。豆粕蛋白含量是43%,菜粕蛋白含量是36%。我们可以利用简单的数学方法来计算豆粕和菜粕中每1%的蛋白价格是多少。

1) 对于豆粕而言:

3045元/吨 ——> 43%

$x$ ——> 1%

所以豆粕的单位蛋白价格:$x=3045\times 1\%/43\%=70.81$(元/吨)

2) 对于菜粕而言:

2196元/吨 ——> 36%

$y$ ——> 1%

所以菜粕的单位蛋白价格:$y=2196\times 1\%/36\%=61$(元/吨)

那么豆粕与菜粕的单位蛋白价差:$x-y=70.71-61=9.71$(元/吨)。这就是简单的计算方法,根据经济学中的一价定律,同一种东西的价格在各个地方应该基本相同。假设豆粕和菜粕蛋白质量一样,那么底线就是$x=y$,即它们的价格是相同的。

但实际上豆粕的蛋白质量更高一些，所以正常情况下豆粕与菜粕单位蛋白价差应该为正数。所以出现任何x-y<0的情况，都是比较适合去做多豆粕与菜粕价差的机会。

现在我们假设豆粕的价格是$A$，菜粕的价格是$B$，豆粕蛋白含量43%，菜粕蛋白含量36%，那么豆粕与菜粕单位蛋白价差正常情况下应该满足：$A/43-B/36>0$。也就是说，$A/B>43/36≈1.2$，所以如果豆粕与菜粕的比值低于1.2，这个时候都是比较不错的做多豆粕做空菜粕的机会。豆粕和菜粕的替代逻辑如图14-10所示。

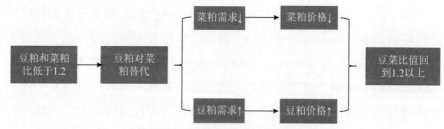

图14-10　豆粕和菜粕的替代逻辑

由于菜粕大约只有10%属于淡水养殖的刚性需求，其他部分的需求都是可以被豆粕替代的，所以当豆粕与菜粕之间的价差过低，会导致饲料配方的改变，而且豆粕标准化程度更高，现货市场规模更大，采购也方便，所以当豆粕与菜粕比值低于1.2时，配方师也会愿意使用豆粕。

反过来，尽量不要做菜粕对豆粕的替代，因为菜粕含有一定的毒性，禽饲料和畜饲料中用菜粕的量有严格的限制，所以菜粕对豆粕的替代从量上来说是有限的，而豆粕对菜粕的替代是无限的，现在随着技术的进步，原来菜粕10%的刚需基本上也可以被打破了。

此外，除了需求端的替代之外，一些农产品之间还存在种植面积替代，因为土地资源是有限的，对于农民来说，同样一块土地，是种玉米好还是种棉花好呢？

这取决于哪个品种带来的收入更多一些，如果大豆对玉米的比价较高，那么农民可能更多选择种大豆而不是种玉米，如图14-11所示：当大豆的种植面积增加，玉米的种植面积减少后，来年大豆的供应往往会增加，价格会走弱，玉米的供应会减少，价格会走强，大豆和玉米的比价又会开始下降，从套利的角度来讲，可以选择做多玉米，同时做空豆一。

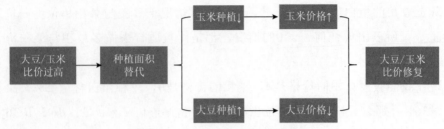

图14-11　大豆和玉米的替代逻辑

反之，如果大豆对玉米的比价较低，那么农民可能更多选择种玉米而不是种大豆，当玉米的种植面积增加，大豆的种植面积减少后，来年玉米的供应往往会增加，价格会走弱，大豆的供应往往会减少，价格会走强，大豆和玉米的比价又会开始上升，从套利的角度来讲，可以选择做多豆一，同时做空玉米。

从逻辑的角度来说，相关商品之间确实存在替代关系，但从交易实践来看，这种基于替代逻辑而进行的套利交易，有时候价差可能发展到非常离谱的程度，甚至在进入交割月之前也无法回归到正常水平，所以如果是做替代逻辑套利，再配上网格交易法，有时候遇到极端行情，往往会一次性巨亏。所以做这种逻辑的套利需要注意止损，尤其是在国内期货市场，有时候会出现替代套利逻辑失效的情况。

## 14.4　基于宏观对冲的套利逻辑

我们在选择跨品种对冲组合的时候，需要分析影响这两个品种的因素都有哪些，对冲掉共同的影响因素，然后留下不同的因素，我们做的就是不同因素的对冲。最常见的一种宏观对冲就是工业品和农产品之间的对冲，或者说是PPI和CPI的对冲。

因为工业品的金融属性更强一些，受整个宏观经济、货币政策的影响更大一些，而农产品的商品属性更强一些，受整个宏观经济、货币政策的影响小一些，需求相对比较稳定。所以在进行不同品种的配置时，往往在经济下行的时候，选择多农产品空工业品的配置，在经济上行的时候，选择多工业品空农产品的配置，如图14-12所示。

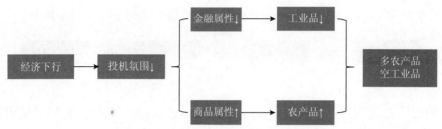

图14-12　多农产品空工业品的交易思路

除此之外,工业品当中不同的板块之间也是可以进行对冲的,例如黑色系和有色金属板块之间的对冲。黑色系和有色金属都是对宏观和政策比较敏感的品种,但是不同的是,有色金属的期货品种属于标准化的、全球性的期货品种,除了国内上期所的有色金属商品期货之外,世界上最具影响力的就是LME(伦敦金属交易所)。一般内外价差不会太大,相互之间有一个参考的标的,否则价差过大就会出现跨市场套利机会。

但是黑色系不同,黑色系的品种属于国内所特有的品种,国外基本上没有相关的品种,除了新加坡有个铁矿石普氏指数之外,其他的诸如动力煤、焦煤、焦炭、螺纹钢、热轧卷板这些期货品种,国外基本上是没有的,所以不存在跨套利资金把内外价差控制在合理范围之内的情况。

所以,当经济下行时,有色金属板块的品种,往往在宏观向下的影响下不断下跌,相反,黑色系的品种则由于国家的逆周期调节,往往受益于政府基建投资,反而预期存在政策利好。所以这个时候,很多交易者会选择工业品内部当中的多黑色系空有色金属的宏观对冲组合。

另外,目前世界上主要的能源有两种,一种是煤炭,一种是原油。理论上来说,煤油比的高低代表着两种能源的性价比,如果说市场预期煤炭的性价比更高一些,就会导致市场对煤炭的需求增加,以煤炭为原料生产出来的产品价格往往由于成本推动而走高,例如黑色系的品种;相反,以原油为原料生产出来的品种往往由于成本降低而走弱,例如能化板块的品种。

所以对于看多煤炭、看空原油的交易者,往往会选择多黑色系、空能化品种的宏观对冲组合;对于看空煤炭、看多原油的交易者,往往会选择多能化品种、空黑色系品种的宏观对冲组合。

下面,我想再介绍一种完全不同的对冲思路,以能化品种为例。通过分析,我认为影响能化品种价格的基准共有三个:原油基准、宏观基准、产业基准,如图14-13所示。当我们选择两个能化品种进行对冲时,首先应该想办法过滤掉原油基准对价格的影响，因为不同能化品种对原油价格波动的敏感性是不同的。

$$\boxed{能化定价} = \boxed{宏观基准} + \boxed{原油基准} + \boxed{产业基准}$$

图14-13 能化品种的定价基准

我们可以对原油、燃料油、沥青、PTA、乙二醇、甲醇、塑料、聚丙烯、PVC(聚氯乙烯)等能化品种进行相关性研究，从而得出不同能化品种与原油相关性的排序，在选择对冲品种的时候，我们最好选择与原油相关性临近的两个品种，因为它们对原油价格的波动敏感性基本差不多，从而对冲掉原油价格对我们的对冲组合的影响。

其次，我们再想办法对冲掉宏观的因素，能化品种的宏观属性基本上都差不多，它不像黑色系对国家的相关政策有着较强的预期，所以关于宏观部分的对冲，我们可以选择波动性匹配。

虽然同为能化品种，但是不同的能化品种波动性是不同的，有的能化品种波动性特别大，例如PTA、甲醇、PP等，而有一些能化品种的波动性比较小，例如塑料、PVC等，所以我们在选择对冲组合的时候，尽量选择一些波动性相当的品种进行对冲，否则一个品种波动性特别大，而另一个品种波动性特别小，就会增加我们持仓过程中的压力，同时降低我们的持仓信心。

最后，当我们把影响能化品种价格的原油基准、宏观基准都对冲掉之后，剩下的只是产业基准不同了，这里的产业基准，我们可以理解为库存、基差、利润等基本面因素，然后就是我们所说的做多低库存、期货贴水、低利润的品种，同时做空高库存、期货升水、高利润的品种进行对冲。这种对冲的思路就是把影响价格的因素进行拆解，然后想办法对一些不好把握并且难以把握的因素进行对冲，留下容易把握的因素去交易。

当然，由于跨品种对冲交易往往都不是非标准化的套利组合，有时候还可能是跨交易所的品种，所以我们在进行合约数量匹配的时候，一般遵循两种常规的原则(见图14-14)：对于跨期套利而言，我们一般遵从数量匹配的原则，即按照1∶1进行匹配，开1手多单就开1手空单；对于跨品种套利而言，我们一般遵从货值匹配的原则，即多头头寸的货值等于空头头寸的货值。

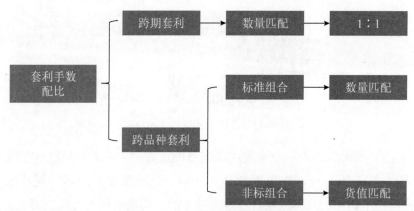

图14-14 套利开仓的手数配比

货值的计算方式比较简单,假设多头品种的价格为$a$,空头品种的价格为$b$,多头品种的合约乘数为$m$,空头品种的合约乘数为$n$,多头合约的开仓数量为$x$,空头合约的开仓数量为$y$。那么多头合约的货值=$amx$,空头合约的货值=$bny$,根据货值匹配的原则,$amx=bny$,我们因此可以计算出$x/y=bn/am$,这就是多空开仓的手数之比。然后根据我们账户的资金情况,可以进行同比例的放大。

## 14.5 基于期限结构的套利逻辑

正如本书前面所介绍的,商品的期限结构本身就能够反映很多基本面的问题,所以我们在进行跨品种对冲交易的时候,也可以直接利用期限结构对不同商品进行对冲,这也是我个人最喜欢的一种跨品种对冲交易方式。

首先,根据期限结构的原理,对于back结构的品种,我们选择的交易方向是做多的,对于contango结构的品种,我们选择的交易方向是做空的,如图14-15所示。对于单边交易来说,我们往往都是这样选择交易方向的,然后设置止损。但问题是,即使我们的交易方向是正确的,但市场的随机扰动加大时,我们的交易依然会触发止损而不得不退出市场。采取对冲交易的好处是,我们的交易不用去设置云止损,从而避免了被意外扫出市场。

图14-15 期限结构对冲交易策略

其次,正如我们之前所介绍的,在交易的过程中,我们需要找到安全边际,back结构下做多的品种,期货本身是贴水的,这就是安全边际,同样的道理,contango结构下做空的品种,期货本身是升水的,这也是安全边际。因此,我们在利用期限结构进行对冲的时候,不去设置云止损条件单,而是充分利用双重安全边际,同时采取对冲交易的方式,同样会降低交易账户的波动性,从而平滑我们的资金曲线。

最后,我们在利用期限结构进行跨品种对冲交易的时候,最好选择相关性较大的品种,尤其是同一板块的品种,甚至是同一个产业链的关联品种,越是相关性较高的品种,采取期现对冲的效果就越好,否则通过两个不同板块、不同产业链、相关性不大的品种进行这种期限结构的对冲,可能会造成账户的波动性较大,影响交易者持仓的信心。所以尽量找相关性比较大的品种进行对冲。

举例来说,以大豆压榨产业链为例,通常情况下,豆粕是back结构,而豆油是contango结构,这主要与整个社会饮食习惯发生了重大变化有关。在早期,油厂进行大豆压榨的主要产品是豆油,豆粕是副产品,因为那个时候人们生活水平较低,对食用油的需求较高,后来随着经济的发展,人们对高质量的蛋白需求逐步增加,即豆粕成了主要产品,而豆油成了副产品。所以back结构下的豆粕说明豆粕供需紧张,而contango结构下的豆油说明豆油供应过剩。基于期限结构对冲逻辑的油粕比套利如图14-16所示。

图14-16 基于期限结构对冲逻辑的油粕比套利[①]

---

① M代表豆粕,Y代表豆油。交易代码,详见附录。

所以在做油粕比套利的时候，一般适合逢高去做空油粕比，即做多back结构的豆粕，同时做空contango结构的豆油，这就是利用期限结构对冲的原理，而且两个品种还是同一个板块、同一个产业链上的品种，相关性比较大。

再比如说，以聚酯产业链为例，我们都知道生产聚酯的两大主要原料是PTA和MEG，早些年间MEG的价格比PTA贵，随着产业结构发生了变化，现在PTA的价格远远高于MEG的价格。所以近些年来，PTA的期限结构一直是back结构，反映了供求紧张的局面；而MEG的期限结构一直是contango结构，反映了供应过剩的局面。

两个品种都是聚酯产业链上的原料，又同为能化板块，所以相关性较高，然而期限结构不同，这个时候比较适合做多back结构的PTA，做空contango结构的MEG，从而实现跨品种对冲交易，如图14-17所示。

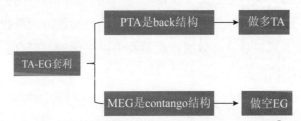

图14-17　基于期限结构对冲逻辑的TA-EG套利①

与之类似的还有MTO利润套利，正常情况下，我们做多或者做空MTO利润的主要逻辑是MTO利润的高低，我们认为高利润不可持续，或者MTO亏损不可持续，所以当MTO利润较高的时候，我们选择做空PP-3MA，当MTO亏损的时候，我们选择做多PP-3MA，这是传统的基于利润的套利。但是，从期限结构的角度来讲，我们完全有不同的逻辑。

我们认为MTO是否应该有利润，主要取决于甲醇是否过剩，如果甲醇过剩了，我们认为MTO装置就应该有利润，如果甲醇紧缺，我们认为MTO装置就不应该有利润。甲醇是紧缺还是过剩可以通过库存来反映，进而可以通过期限结构来体现，contango结构说明甲醇高库存，意味着甲醇过剩，MTO应该有利润，back结构说明甲醇低库存，意味着甲醇紧缺，MTO不应该有利润。

所以我们可以根据PP和MA的期限结构进行对冲，当下虽然MTO有利润，但是PP是back结构，而MA是contango结构，所以从期限结构对冲的角度来讲，我们

---

① TA，指PTA；EG，指MEG。交易代码，详见附录。

选择做多back结构的PP，做空contango结构的MA，我们认为MTO有利润是合理的，如图14-18所示。

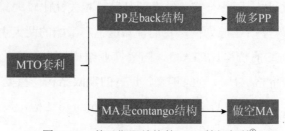

图14-18　基于期限结构的MTO利润套利[①]

在我对各个期货公司交易风格的观察中，永安期货等席位的持仓往往符合这种规律，这可能也代表着这些机构的投资逻辑，其他一些机构的持仓基本上也符合类似的逻辑。这也是我长期追踪一些盈利能力比较强的席位的持仓特点之后，得出的一个结论，而且这些席位利用这种期限结构对冲的方式进行交易，依然能够获利，所以这种方式依然是有效的，也是我们可以学习、研究和借鉴的一种跨品种对冲交易方式。

---

① PP，聚丙烯；MA，甲醇。交易代码，详见附录。

# 第15章 行情反转的重要信号

## 15.1 行情反转的三个重要信号

本节我想给大家介绍一下商品期货行情进入大的反转的三个重要标志。需要声明的是，我并不赞成摸顶抄底，因为根据我多年的经验，在市场进入顶部或者底部的时候往往非常折磨人，摸顶抄底必定会让你频繁止损出局，对于绝大多数交易者而言，我更加推荐右侧交易。

此外，我所介绍的市场反转的三个重要标志，一方面是我自身在期货市场中的亲身经历，而且也经过多次验证；另一方面是给期货交易者提供一种平仓离场的警示信号，并不是要你在这个位置摸顶抄底或进行反手操作。

**标志一**：价格处于高位或低位，基差得以修复后需谨慎。

前面我们介绍了商品期货的两大趋势，库存重建过程中的上涨与去库存过程中的下跌。无论是上涨或者下跌，由于预期的作用，导致期货与现货上涨或下跌的幅度并不完全相同，所以在上涨或下跌的过程中基差会被拉大。

以库存重建过程中的上涨为例，大趋势是上涨的，无论是期货引领现货上涨，还是现货引领期货上涨，一旦基差被拉大，就会发生次级别的回调，即通过下跌的行情进行基差修复，基差修复完成后，会开启新一轮的主趋势的上涨。所以，一个典型的趋势可以分解为两种情况：一种是主趋势——库存周期的上涨或下跌，另一种是次趋势——基差修复行情。

在一轮大趋势的情况下，上面的逻辑得到多次验证。无论是橡胶期货引领现货上涨，还是矿石现货引领期货上涨莫不如此。可是我在这上面也吃过不少亏。因为，在趋势的初始阶段和延续阶段这样操作并没有什么大的问题，然而在趋势转折阶段却很容易亏钱。

以橡胶为例，在2016年，橡胶行情明显是期货引领现货上涨，开启了一轮大的上涨行情，期货涨得比现货快一些，所以在期货上涨的过程中基差被拉大，接着就是期货下跌或者现货上涨来修复基差，基差得到修复之后，再次开启新一轮的上涨。然而，当橡胶指数在2016年末2017年初时达到22 355点，现货快速上涨基本上又将基差修复了。

按照正常的逻辑，由于现货上涨来修复基差，这就为期货未来的继续上涨打开了空间，然而现实却恰恰相反，橡胶开启了行情大反转，从22 355点一度跌到了12 490点，如图15-1所示。

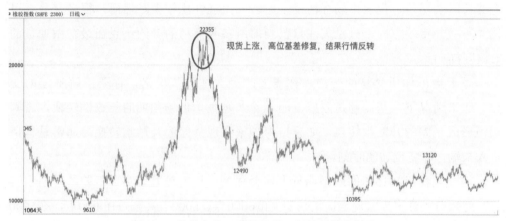

图15-1　价格高位、基差修复、行情反转的例子

类似的情况我在棉花、矿石上也多次遇到过，后来我总结，工业品的库存周期是商品的一个主趋势，基差修复是一个次趋势，然而，在交易中也要对价格的相对高低保持警惕性，如果在高位或者低位发生了基差的修复，往往是行情的转折，而非行情的延续。

这个经验是我多次验证得来的，其背后的原因更多的是物极必反的道理以及交易者对高价位的恐惧和低价位的贪婪，所以价格处于高位或低位，同时基差得以修复后一定要谨慎，不要盲目继续去追行情，当然更不要盲目去做反手。

**标志二**：价格处于高位或低位，日内频繁实现基差的升贴水转换时需谨慎。

通常情况下，商品在某个特定的大趋势下，一般无法实现基差的升贴水转换，只是基差的拉大与修复，因为商品依然处在某个特定的库存周期当中。然而，如果预期发生了变化，那么通常会出现两种情况：一是基差的升贴水转化，二是市场方向的转变。

例如，黑色系大部分品种都是逆向市场，所谓逆向市场就是远月价格低于近月价格，与此同时，黑色系的品种基本上都是期货贴水，所以每当期货向上修复贴水之后，都会开启新一轮的下跌。

2020年由于疫情的影响，螺纹钢5月合约在历史天量库存下，面临巨大的交割压力，所以多头主力资金纷纷从5月合约撤出。同时，市场预期随着疫情缓解，国家刺激政策出台，10月合约的需求会非常好，螺纹钢会表现出明显的去库现象，多头资金纷纷基于未来的预期，流入10月合约，从而导致过去一直是反向市场结构的螺纹钢，在疫情的影响下，短暂地变成了正向结构。

市场方向的转换大都是由于预期的一致性转变。如果市场方向发生转换，且能够长时间保持，说明市场行情发生逆转的可能性比较大。然而，很多交易者可能并不关注市场方向，只是关注自己当前所参与交易的合约，我在最初做期货的时候同样如此。

对于当下你所交易的合约，你需要时刻关注现货价格，你要了解基差的变化。通常情况下，基差都是要修复的，除非发生了市场预期的一致性转换，否则很难形成基差的升贴水转换，如果日内频繁实现基差的升贴水转换，通常是行情进入末端，即将反转的时刻。

这一点我在2015年的股指期货上体会深刻，日内频繁地实现基差的升贴水转换，而那时候许多专家说上证指数要突破6000点、8000点甚至是10 000点，在5000点的时候，股指期货就在日内频繁地出现基差的升贴水转换，我喝杯茶的时间账户的波动就由浮盈几十万元变成浮亏几十万元，实在拿不住单子了，出来了，结果果然后面就发生了行情的大逆转。

**标志三：价格处于高位或低位，持仓量大幅下降时需谨慎。**

期货交易圈中有一句非常有趣的话：你开仓买入的每一笔单子，都是别人卖给你的，你们两人相视一笑，互道一声：笨蛋！这句话看似很有趣，其实有深刻的道理在里面。期货交易需要有对手盘，如果没有对手盘的话，你的单子便无法成交。读过《期货大作手风云录》的交易者都应该记得里面的一句话：多头不死，空头不止！这句话是很有道理的。

当多空双方对于某个商品方向产生了分歧时，多空都会加仓，此时，该合约的持仓量就会逐渐放大，在多空双方不断较量的过程中，持仓量持续放大。只要这个合约的持仓量没有出现非常明显地减少，你就可以大胆跟随多空获胜的一方进行开仓。

然而，如果这个品种的持仓量继续下滑，与此同时，期货价格大幅上涨或下跌，那么说明多空双方中的一方已经认输离场，导致持仓量大幅减少，与此同时，期货价格向反方向快速变化。

我们以多头不死、空头不止这句话为例。当多空双方发生激烈较量时，合约的持仓量不断加大，空头占主导优势，商品期货的价格重心不断下移，到了比较低的价位，持仓量大幅减少，期货价格进一步快速下跌，这说明多头已经认赔出局，斩仓离场，所以持仓量大幅下降，多头减仓就相当于空头加仓，所以期货价格会继续下跌。由于期货交易需要有对手盘，多头已死，空头获利巨大，需要兑现利润，这个时候就会出现空头平仓离场，此时，持仓量会进一步降低，而商品期货的价格快速上涨，容易出现空杀空的踩踏行情[①]。

在期货市场中这种情况太常见了，举个例子，2016年期货螺纹钢多空大战的时候，如果你仔细观察过，永安系列一直是螺纹钢的主力净多头，而期货投资者葛卫东看空螺纹钢，永安的产业客户做多螺纹钢的逻辑是供给侧改革的红利，葛卫东看空螺纹钢的逻辑是产业利润过大，双方都有各自的道理，于是展开了一场激烈的多空大战，螺纹钢持仓量大幅增加，盘面上多头占主导优势，螺纹钢期货价格不断上涨，双方加仓不断持续，后来，葛卫东意识到自己犯了错误，逐渐开始减仓离场，螺纹钢持仓量开始快速下降，而此时螺纹钢期货的价格也开始跟随下跌，因为多头获利巨大，也在趁机离场。

所以多空都加仓时，商品持仓量巨大，行情并未结束；当多空都减仓时，说明一方已经认输，另一方开始兑现利润，行情基本结束。如果你复盘去观察螺纹钢期货的历史走势，我相信你一定会发现这个规律的。

最后，需要注意一下基差的骗局，当价格或利润处于历史高位时，期货大幅度贴水，往往是假贴水，因为现货提前见顶；当价格或利润处于历史低位时，期货大幅升水，往往是假升水，因为现货已经提前见底。所以价格历史高位时，期货贴水不是真贴水；价格历史低位时，期货升水不是真升水。此时不可以再按照基差的升贴水逻辑去做多或者做空。

## 15.2 根据主力持仓判断行情反转

大部分交易者在每天期货收盘之后都会去关注一下相关品种的主力持仓情况，三大商品期货交易所在收盘之后都会进行公布，其他的一些资讯网站也会公

---

[①] 关于持仓与价格的关系，可以参考威科夫的价量理论，它会帮助交易者更好地理解价格与持仓量以及成交量的关系。

布，但完全跟着这些主力资金的方向操作，你会发现自己经常慢半拍，被主力资金牵着鼻子走。

所以我个人认为，不能够完全按照主力资金的变化去追，而是要结合实际情况进行客观的分析，不要把主力资金当作你期货交易的救世主，而是要结合主力资金的变化分析和总结客观的规律，然后按照客观规律去进行交易。

在关注主力合约多空持仓的时候，大多数人一般只看主力合约前20名的持仓结果是净多单还是净空单，从而判断主力的多空观点。一般情况下，对于反向市场的品种，现货市场供应偏紧，期货市场可交割的货物相对少一些，所以套保客户持仓也相对较少，多头基本上占据主动，所以前20名主力持仓一般都是净多单。大商所豆粕2001合约持仓情况如图15-2所示。

| 会员类别 | | 总成交量 | 增减 | 总持买单量 | | 增减 | 总持卖单量 | | 增减 |
|---|---|---|---|---|---|---|---|---|---|
| 期货公司会员 | | 1,975,457 | 251,999 | 771,713 | | 42,338 | 919,715 | | 37,195 |
| 名次 | 会员简称 | 成交量 | 增减 | 名次 | 会员简称 | 持买单量 | 增减 | 名次 | 会员简称 | 持卖单量 | 增减 |
| 1 | 东证期货 | 361,143 | -136,396 | 1 | 永安期货 | 109,707 | 12,197 | 1 | 中粮期货 | 193,924 | 2,101 |
| 2 | 海通期货 | 194,217 | 36,926 | 2 | 宏源期货 | 62,457 | 2,474 | 2 | 国投安信 | 146,703 | 2,139 |
| 3 | 国泰君安 | 155,326 | 42,883 | 3 | 一德期货 | 56,973 | -2,262 | 3 | 新湖期货 | 81,033 | -507 |
| 4 | 中信期货 | 129,911 | 59,382 | 4 | 鲁证期货 | 54,893 | 3,660 | 4 | 摩根大通 | 60,211 | 79 |
| 5 | 永安期货 | 100,661 | 34,146 | 5 | 中粮期货 | 53,588 | -9,830 | 5 | 一德期货 | 58,678 | 7,983 |
| 6 | 国富期货 | 97,196 | 38,242 | 6 | 中信期货 | 46,553 | -1,292 | 6 | 国泰君安 | 48,099 | 4,412 |
| 7 | 兴证期货 | 94,963 | 8,031 | 7 | 海通期货 | 39,324 | 17,897 | 7 | 广发期货 | 43,516 | 3,816 |
| 8 | 光大期货 | 93,981 | 12,872 | 8 | 五矿经易 | 36,690 | -27,291 | 8 | 银河期货 | 42,167 | 6,595 |
| 9 | 徽商期货 | 92,055 | 37,073 | 9 | 东证期货 | 35,597 | 5,071 | 9 | 信达期货 | 34,885 | -3,233 |
| 10 | 申银万国 | 86,648 | 117 | 10 | 国投安信 | 31,794 | -3,331 | 10 | 永安期货 | 24,517 | -492 |
| 11 | 银河期货 | 78,645 | 7,429 | 11 | 中信建投 | 30,734 | 10,621 | 11 | 鲁证期货 | 23,572 | 1,766 |
| 12 | 方正中期 | 73,564 | 22,085 | 12 | 华泰期货 | 25,982 | -5,521 | 12 | 宏源期货 | 23,148 | 1,292 |
| 13 | 华泰期货 | 71,472 | -4,706 | 13 | 光大期货 | 25,491 | 4,690 | 13 | 东证期货 | 22,080 | 2,082 |
| 14 | 五矿经易 | 67,559 | 35,046 | 14 | 安粮期货 | 25,179 | 6,757 | 14 | 中信期货 | 20,610 | 5,677 |
| 15 | 华安期货 | 55,126 | 6,306 | 15 | 南华期货 | 24,835 | 3,016 | 15 | 申银万国 | 19,034 | -751 |
| 16 | 中粮期货 | 48,153 | 15,109 | 16 | 申银万国 | 24,340 | 7,163 | 16 | 中国国际 | 18,459 | 1,088 |
| 17 | 中信建投 | 45,583 | 14,780 | 17 | 国泰君安 | 23,329 | 712 | 17 | 金瑞期货 | 17,453 | -275 |
| 18 | 东航期货 | 44,595 | 14,507 | 18 | 国富期货 | 22,094 | 1,394 | 18 | 格林大华 | 14,907 | 2,316 |
| 19 | 宏源期货 | 42,340 | 3,264 | 19 | 徽商期货 | 21,347 | 11,176 | 19 | 国富期货 | 13,893 | 910 |
| 20 | 南华期货 | 42,319 | 4,903 | 20 | 兴证期货 | 20,806 | 5,057 | 20 | 英大期货 | 12,826 | 197 |
| 总计 | | 1,975,457 | 251,999 | 总计 | | 771,713 | 42,338 | 总计 | | 919,715 | 37,195 |

图15-2 大商所豆粕2001合约持仓情况

对于量化交易者来说，可以构成一个量化因子：净多单率。净多单率=(前20名多头持仓-前20名空头持仓)/前20名多头持仓。可以通过数据分析的方式来监测净多单率与主力合约价格变化之间的关系。

相反，对于正向市场的品种，现货市场供应过剩，期货市场可交割的货物相对多一些，所以套保客户持仓也相对较多，空头基本上占据主动，所以前20名主力持仓一般都是净空单。同样，量化交易者也可以把这个构成一个量化因子(净空单率)，净空单率=(前20名空头持仓-前20名多头持仓)/前20名空头持仓，从而分析净空单率与主力价格变化之间的关系。

此外，我们还经常关注主力合约第一大多头和第一大空头，当然有时候也可以看一下前3或者前5主力持仓情况，但是需要注意的是，无论是分析哪个期货公司的持仓，都不能够只看该公司在这个品种这个合约上的持仓情况，因为这样是只见树木不见森林，我们不仅要看一下它在当前合约的持仓情况，也要看一下它在次主力合约的持仓情况，因为它可能并不是做单边的，而可能是做跨期的，从近月主力合约接货，然后转抛到次主力合约。

此外，不仅要看单品种持仓，也要看产业链上下游品种的持仓，从中观察一下它是做多产业利润还是做空产业利润。最后，还要关注一下板块持仓的情况，如工业品的持仓或农产品的持仓情况，来关注该机构的宏观对冲策略；还要关注有色、黑色、能化的持仓，来判断其对冲策略。从跨期和产业链角度去分析持仓如图15-3所示。

图15-3 从跨期和产业链角度去分析持仓

很多交易者存在这样的误区，当商品处于多头市场的时候，前20名多头持仓与前20名空头持仓之差越大越好，或者说，上面构造的量化因子净多单率越大越好，在下跌的时候净空单率越大越好。

因为在价格上涨的时候，如果多头持仓远远大于空头持仓，说明多空力量相差悬殊，多头牢牢占据主动；在价格下跌的时候，如果空头持仓远远大于多头持仓，说明空头实力远远大于多头实力，空头牢牢占据主动。然而，我想告诉你的是，事实并非如此！

单从净多单率和净空单率这一个指标无法判断主力的真实行为，我所说的真实行为并不是过去已经发生的持仓结果，而是未来可能发生的持仓变化。因为你已经看到的主力持仓在价格中已经反映出来了，意义不大，重要的是如何根据当下主力持仓以及当下的价格情况来判断主力的未来行为。

多头不死，空头不止，反之亦然。当净多单率或者净空单率过大的时候，就会物极必反（见图15-4）。具体而言，当多头主力持仓远超过空头主力持仓，即净多单率过大，说明多头的仓位十分拥挤，看涨的多头几乎全部进来了，场外的多头已经不多了，这意味着多头行情即将结束。

图15-4 价格位置高度与持仓差过大可能引起行情反转

如果说这个时候价格还在高位，那么行情结束的概率非常高，下一步就是多头减仓而发生的多杀多踩踏行情。相反，当空头主力持仓远超过多头主力持仓，即净空单率过大，说明空头的仓位十分拥挤，看空的空头几乎全部进来了，场外的空头已经不多了，这意味着空头行情即将结束，如果此时价格还在低位，那么行情结束的概率非常高，下一步就是空头减仓而发生的空杀空踩踏行情。

判断行情即将转折的方法，我个人的总结是：

净多单率高+价格高位→多头行情即将结束

净空单率高+价格低位→空头行情即将结束

上面介绍了计算净多单率和净空单率的方法，至于这个比率的高低，需要通过历史数据进行分析和观察。同样的道理，价格指标也可以用高低进行定位，以05合约为例，可以通过某个品种05合约的最高价格、最低价格以及当前价格来计算当前价格所处的历史位置：（当前价格-历史最低价格）/极差，极差=历史最高价格-历史最低价格。

当然，也可以采取相对比例法来计算净多单率的历史位置。这样的话指标就可以进行量化，通过仓差和价格两个维度判断后续行情可能发生的情况。

根据仓差和价格两个维度判断未来行情的变化之后，我们还需要找到方法去验证我们的判断。其实方法很简单，当多头行情结束，由于净多单率比较高，看多的基本上都进来了，看空的基本上都被打爆了，认输出局了，这个时候就会发生多杀多踩踏行情，即多头主动大幅减仓，仓差开始缩小，持仓量开始下降，这个时候我们就引入了第三个判断指标：持仓量下降。

同样的道理，当空头行情结束时，由于净空单率比较高，看空的基本上都进来了，看多的基本上都被打爆了，认输出局，这个时候就会发生空杀空的踩踏行情，即空头主动大幅减仓，仓差开始缩小，持仓量开始下降。行情的结束充分说明了一个道理：期货交易就是对手盘交易，空头已死，多头方止；多头已死，空头方止！

验证行情已经结束的方法，我个人的总结是：

净多单率下降+价格下跌+持仓量下降→多头行情已经结束

净空单率下降+价格上涨+持仓量下降→空头行情已经结束

另外，还要注意期货有限仓制度。随着交割日的不断临近，交易所对期货最大持仓的限制不断调整。所以，当前20名主力的多单比空单超出很多的时候，极有可能是多头超仓了，不得不进行减仓，这个时候就容易出现多头主动减仓带来的下跌行情；同理，如果前20名主力的空单比多单超出很多，就容易发生空头超仓引发的空头主动减仓带来的上涨行情，如图15-5所示。可见，多空仓差并不是越大越好，物极必反。

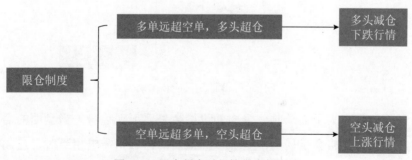

图15-5　限仓制度对行情带来的影响

最后，关于期货交易，不要把时间浪费在和别人进行的多空争论上，也不要把时间浪费在寻找主力的观点上，而是要把时间更多用于对规律的观察、分析、总结和验证上，更多地用于自我修为上，因为当你对行情的理解和判断以及资金管理方面问题都不大的时候,最后你会发现交易中最大的敌人就是你自己。在这个时候你交易中的理念、方法和技巧提高已经意义不大了,但是你个人修为上的提高,会给你的投资水平带来质的飞跃,所以交易者在交易中的自我管理是非常重要的!

## 15.3 根据盘面供求关系判断反转

对于现货来说,供求决定价格,当商品供过于求时,价格下跌;当商品供不应求时,价格上涨。这是最简单的供求定律。

对于期货来说也是如此,但需要清楚的是什么是盘面的供给,什么是盘面的需求。期货的交易分为多开、多平、空开、空平,其中多开和空平都有利于盘面价格上涨,属于盘面的需求方;空开和多平都有利于盘面价格下跌,属于盘面的供应方。盘面的供应和需求如图15-6所示。

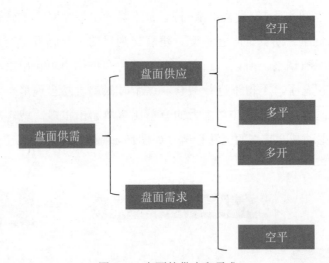

图15-6　盘面的供应和需求

当盘面的供应大于需求时,盘面的价格会呈现下跌趋势;当盘面的需求大于供应时,盘面的价格会呈现上涨趋势;当盘面的供应和需求相当时,盘面往往处于震荡状态。

另外,只从价格是涨还是跌,我们所判断的盘面供应和需求只是历史情况,例如,当前价格处于下跌趋势,我们可以判断过去一段时间,盘面的供应大于需求,即空开和多平的量大于多开和空平的量。但是未来行情会如何发展,我们单纯从价格一个指标很难有所察觉，这个时候我们还需要观察另外一个指标，那就是成交量。

通常情况下，我们判断一个商品当下需求的好坏，主要看现货市场成交是否放量，如果现货市场成交放量，说明当下的市场价格比较被认可，需求还是不错的；如果当前的价格下市场成交清淡，说明目前的市场价格不被市场认可。所以现货市场的成交量往往是判断供需的一个重要指标。

同样的道理，在期货盘面上我们也可以通过成交量来判断盘面的供需情况。当价格不断上涨时，说明当前盘面需求大于供应，与此同时，我们需要关注的是成交量情况，如果成交量不断放大，说明这个时候卖方的供应也在不断增加，往往价格处于较高位置，同时成交量的放大说明大量卖方供应出现，例如多平和空开，就容易导致价格在高位反转。

相反，当盘面供应大于需求时，价格往往会一路下跌，当价格跌到某个区间时，成交量开始放大，说明在低价位的情况下，需求被刺激起来了，多开和空平增加，所以随着供应的增加，下面接货的买方越来越多，从而导致价格低位出现较大的成交量，在这种情况下，往往价格处于低位，即将面临反转。价量关系如图15-7所示。

图15-7　根据价量关系判断行情的顶部和底部区域

此外，除了价格水平的高低和成交量的高低之外，我们还需要关注的一个重要的因素就是期货持仓量的高低。一个品种发生大的行情时，往往会伴随着较大的持仓量，在短时间内持仓量大幅增加。所以，大持仓往往容易塑造大行情。

具体来说，价格在历史低位时，持仓量较大往往容易导致行情反转上涨。由于期货的参与者有产业客户和投机客户，产业客户可以参与交割，投机客户持有的都是虚盘，当价格处于历史底部，持仓量创历史新高，这时候低价格使得产业受到损害，供应端主动减产停产，而低价格容易刺激需求，这就导致现货的库存开始慢慢偏紧。当期货持仓的量超过了现货市场中库存的量时，有大量空头无货可交割，不得不平仓离场。

所以价格低位时，如果持仓创了历史新高，往往会出现盘面交割货的量超过了现货市场中实际拥有的量，在这种情况下，多头的信心更足，而空头往往心里没底。因此，容易发生行情反转，从空头行情转变为多头行情。

空头行情反转为多头行情一般分为三个阶段(见图15-8)：第一阶段，由于盘面持仓量巨大，超过现货市场库存所有量，空头选择主动减仓，盘面反弹上涨，空头减仓越多，盘面反弹力度越大；第二阶段，盘面的上涨吸引了更多的多头，多头买入热情高涨，推动价格进一步上涨；第三阶段，价格反弹到高位时，空头开始回补，多空双方展开最终较量，一旦多头获胜，将转入长期上涨行情，多空持仓都会减少，持仓量开始下降，价格稳步上涨，多头主导行情。

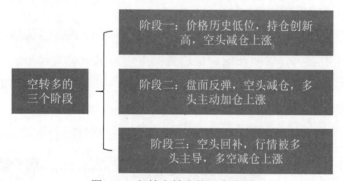

图15-8　行情空转多的三个阶段

当价格处于历史高位时，持仓量较大，往往容易导致行情反转下跌。由于价格处于高位时，往往产业利润较高，这会刺激生产商不断加大供应，与此同时，高价格也会抑制需求，从而导致现货市场上的库存不断增加，开始过剩；大量有货无法在现货市场卖出的交易者，选择通过期货市场销售，在价格高位供应压力不断增加，到某一程度，买方的承接力度达到极限，价格开始反转下跌。

多头行情反转为空头行情一般也分为三个阶段，和上面的过程恰好相反，先是多头减仓下跌，然后空头增仓下跌，最后是多空再次激烈博弈，一旦空头获胜，那么多空双方都开始减仓，持仓量下降，空头主导行情。

所以，我们在判断价格是否即将发生反转时，需要将价格水平、持仓量、成交量三个重要指标结合起来判断，其核心就是供需逻辑，只不过把现货市场中的供需逻辑运用到了期货市场盘面价格而已。

# 参 考 文 献

[1] 霍华德·马克思. 周期[M]. 刘建位, 译. 北京：中信出版社, 2019.

[2] 姜昌武, 陶旸. 套利对冲实战宝典[M]. 北京：中国金融出版社, 2016.

[3] 纳西姆·尼古拉斯·塔勒布. 非对称风险[M]. 周洛华, 译. 北京：中信出版社, 2019.

[4] 纳西姆·尼古拉斯·塔勒布. 反脆弱[M]. 雨珂, 译. 北京：中信出版社, 2014.

[5] Jerry Ma. 教你炒期货：基于概率思维与逻辑思维的交易系统[M]. 北京：电子工业出版社, 2019.

[6] 纳西姆·尼古拉斯·塔勒布. 黑天鹅[M]. 万丹, 刘宁, 译. 北京：中信出版社, 2019.

[7] 纳西姆·尼古拉斯·塔勒布. 随机漫步的傻瓜[M]. 盛逢时, 译. 北京：中信出版社, 2019.

[8] 瑞·达利欧. 债务危机[M]. 赵灿, 熊建伟, 刘波, 译. 崔苹苹, 何杰奎林, 校. 北京：中信出版社, 2019.

[9] 查理·芒格. 穷查理宝典[M]. 李继宏, 译. 北京：中信出版社, 2016.

[10] 申银万国策略研究团队. 策略投资方法论[M]. 山西：山西人民出版社, 2014.

[11] 逍遥刘强. 期货大作手风云录[M]. 北京：东方出版社, 2015.

[12] 拉瑞·威廉姆斯. 与狼共舞：股票、期货交易员持仓报告揭秘[M]. 益智, 译. 上海：上海财经大学出版社, 2016.

[13] 理查德·威科夫. 威科夫理论大全集[M]. 康民, 译. 武汉：华中科技大学出版社, 2016.

[14] 孟洪涛. 威科夫操盘法[M]. 太原：山西人民出版社，2016.

[15] 埃德文·拉斐尔. 股票大作手回忆录[M]. 秦凤鸣，译. 北京：人民邮电出版社，2014.

[16] 斯坦利·克罗. 期货交易策略[M]. 陈瑞华，译. 太原：山西人民出版社，2014.

[17] 羽根英寿. 价差交易入门：低风险的期货投资手法[M]. 毛蘭频，译. 北京：地震出版社，2009.

[18] 范·凯撒. 通向财务自由之路[M]. 董梅，译. 北京：机械工业出版社，2011.

## 附录 合约代码

交易所给不同的商品规定了交易代码,所以在本书中,有时候经常会使用交易代码来代表特定的商品。为了便于读者理解,下面介绍一下不同交易所对上市品种及交易代码的规定:

上海期货交易所上市品种及交易代码如下:
- 燃油:FU
- 沥青:BU
- 橡胶:RU
- 纸浆:SP
- 螺纹:RB
- 白银:AG
- 黄金:AU
- 热卷:HC
- 铜:CU
- 铝:AL
- 锌:ZN
- 镍:NI
- 铅:PB
- 锡:SN
- 不锈钢:SS

- 线材：WR

上海能源交易中心上市品种及交易代码如下：

- 原油：SC
- 20号胶：NR

大连商品交易所上市品种及交易代码如下：

- 豆一：A
- 豆二：B
- 豆粕：M
- 豆油：Y
- 棕榈油：P
- 玉米：C
- 淀粉：CS
- 鸡蛋：JD
- 粳米：RR
- 焦煤：JM
- 焦炭：J
- 铁矿石：I
- 塑料：L
- 聚丙烯：PP
- 聚氯乙烯：V
- 乙二醇：EG
- 苯乙烯：EB
- LPG：PG
- 纤维板：FB
- 胶合板：BB

郑州商品交易所上市品种及交易代码如下：

- 白糖：SR
- 棉花：CF
- 棉纱：CY
- 菜籽：RS
- 菜粕：RM

- 菜油：OI
- 苹果：AP
- 红枣：CJ
- 普麦：PM
- 强麦：WH
- 早稻：RI
- 晚稻：LR
- 粳稻：JR
- 动力煤：ZC
- 玻璃：FG
- 纯碱：SA
- 尿素：UR
- 甲醇：MA
- PTA：TA
- 锰硅：SM
- 硅铁：SF

中国金融期货交易所上市品种及交易代码如下：

- 中证500指数：IC
- 沪深300指数：IF
- 上证50指数：IH
- 十债：T
- 五债：TF
- 二债：TS

# 致谢

*一个期货交易者的思考*

自从在知乎和公众号中分享我对期货交易的一些理解和观点之后，逐渐得到了许多交易者的关注，也认识了许多交易者朋友。在与广大期货交易者的交流中，我受益匪浅，对相关品种的认识进一步加深，对交易的感悟更加深刻，于是经常将这些理解与感悟用文字的方式与大家分享。分享让我受益颇丰，无论是在知识上、人脉上还是财富上都是如此，也正是因为乐于分享，才有了清华大学出版社的盛情邀请，希望我能够写一本期货方面的书籍。所以，首先感谢清华大学出版社的盛情邀请。

当然，我深知写一本书需要足够的时间、积累、耐心和毅力，想要靠自己去完成一本书是非常困难的，庆幸的是，有一群热爱期货交易的朋友们不断支持我、鼓励我，让我能够在期货领域不断地积累和进步，也让我在缺乏耐心和动力的时候能够坚持下去。

所以非常感谢知乎的朋友，也感谢关注我公众号的朋友，还要感谢微信群里的朋友，正是在大家的不断激励下，我才能够坚持完成本书，也是在大家的启发之下，使本书的内容更加系统化。所以，真心感谢这群支持我、鼓励我、认可我的交易者朋友们！

另外，由于常年在外，不在父母身边，没办法经常照顾父母，而我的父母都是非常宽容大度和善良的，他们对我充满了无私的爱和关怀，从来没有埋怨我，总是默默地支持我，他们给予我的太多太多，而我对他们的回报实在太少太少，感谢父母给予我的宽容，感谢父母给予我的理解，感谢父母给予我的鼓励，没有你们，我不可能完成本书的创作。所以，感谢我的父母！

最后，感谢我的恩师，我所学的知识以及我的思维方式都是我的老师教给我的，师恩难忘，也感谢我的同学、朋友、同事，是你们的陪伴给了我快乐，是你们的鼓励给了我信心，无论是在我的人生之路还是在本书的创作旅途中，感谢有你们在左右，对此，向大家表示真诚的感谢！

Jerry Ma
2020.01.01